孩子就像海绵,

吸收并模仿父母

所做的每一件事、说的每一句话。

CHILDREN LEARN
WHAT THEY LIVE

一流的教养

[美]多萝西·劳·诺尔蒂　雷切尔·哈里斯 / 著
周彦希 / 译

北京日报出版社

孩子在生活中学习

多萝西·劳·诺尔蒂

如果孩子生活在批评中，他们将学会指责；

如果孩子生活在敌意中，他们将学会争斗；

如果孩子生活在恐惧中，他们将学会忧虑；

如果孩子生活在怜悯中，他们将学会自怜；

如果孩子生活在嘲讽中，他们将学会畏缩；

如果孩子生活在忌妒中，他们将学会妒忌；

如果孩子生活在羞辱中，他们将学会自责；

如果孩子生活在鼓励中，他们将学会自信；

如果孩子生活在宽容中，他们将学会耐心；

如果孩子生活在赞美中，他们将学会感谢；

如果孩子生活在接纳中，他们将学会爱人；

如果孩子生活在赞许中，他们将学会自爱；

如果孩子生活在认可中，他们将拥有目标；

如果孩子生活在分享中，他们将学会慷慨；

如果孩子生活在诚实中，他们将学会真诚；

如果孩子生活在公平中，他们将学会正义；

如果孩子生活在友善和体贴中，他们将学会尊重；

如果孩子生活在安全中，他们将学会信赖自己和他人；

如果孩子生活在友爱中，他们将学会爱这个世界。

前 言

第一次读到《孩子在生活中学习》这首诗歌时，我正在写一本书，是关于如何在课堂上培养孩子的自尊心。我立刻爱上了这首诗，把它抄了下来，送给我任教的学校里所有的老师们。直觉告诉我，诗中的每一句简直就是至理名言！如此深奥的人生智慧被浓缩成短短的诗句，令我非常震撼。

我从未想过有机会遇见这首诗的作者，但几年后，在一次心理学会议上，我偶遇了多萝西和她的丈夫克劳德。他们亲切地邀请我去他们的房间，他们以接纳、亲切、鼓励和友好的态度对待我，就像多萝西在诗中写的一样。那个夜晚我将终生难忘，他们一定难以想象他们的爱和关心对我产生的影响，而我也正努力学习爱自己，并教育学生爱和接纳自己。

《孩子在生活中学习》诗歌传递的理念成了我与学生互动的指导原则，后来也成为我与三个儿子互动的指导原则。和所有生活和养育子女的原则一样，比起谈论或写下这些理念，付诸实践更难。

在担任教育工作者和育儿研讨会负责人三十多年里，我越来越坚信，大多数父母真心想要把孩子培养成为慈悲、善良、富有同情心、宽容、诚实和公正的人。可问题是,大多数父母从来没有学习过任何一门关于如何养育子女的课程,这类课程教授父母如何与孩子互动、沟通,以及管教孩子的具体方法和技巧,从而培养出富有同情心、关心他人、诚实和富有正义感的孩子。

天底下不可能有这样的父母——早晨醒来,转身对旁边的配偶说:"我刚刚想出了四种办法摧毁小比利的自尊!我们可以批判他、嘲笑他、羞辱他、欺骗他。"当然,没有父母会这样故意伤害自己的孩子,然而实际上父母们却经常这样做。他们当然不是故意的,通常是出于无知和恐惧,父母们把自己狭隘的观念和情感焦虑传递给孩子。

想要打破那些在不知不觉中影响我们与孩子交流的消极、破坏性的思维模式,父母们需要有勇气和意识采取行动,选择有意识、有目的的生活方式,培养健康、快乐和适应能力良好的孩子。

在《一流的教养》一书中,作者多萝西·劳·诺尔蒂借用她经典诗歌中的每句诗作为每章的标题,并通过生活趣事和具体事例,教我们如何将诗歌中的智慧付诸行动。她运用通俗易懂的语言告诉我们如何对孩子少批评多宽容、少批判多认同、少羞辱多鼓励、少敌意多友善。

阅读本书的时候,除了学习如何成为更高效的父母外,你还将学会如何成为更好的配偶、老师和领导。本书提出的原则和方法是普遍性原则,你可以与任何人建立爱、尊重、肯定和更亲密的关系。我坚信，如果每个人在人际关系中实践这些原则，那么世界上的暴力和战争就会减少，罢工就会减少，社会生产力就会提高，课堂上的调皮行为就会减少，用于学习的时间就会增加，监狱、福利院和戒毒所的人数也会减少。父母们应该认识到，世界上的大多数问题都源于家庭，通过成为更好的父母，你们正在为解决当今世界面临的巨大、棘手的难题，做出力所能及的贡献。

无论你是一位多么优秀的父母，你即将踏上这一段冒险之旅，本书将带你步入崭新的人生。知道自己越来越有能力培养出自信、勇敢、有耐心、懂得感恩、有爱心、有目标、慷慨、诚实、公平、尊重和友好的孩子，还有什么事情比这更有价值呢？试想一下，如果每个孩子长大后都具备这些品质，世界将会怎样？在华盛顿，每位政治人物都具备这些品质，华盛顿将会怎样？我非常期待这一天的到来，我知道多萝西也很期待。我相信，这正是激励所有致力于教育事业的工作者努力工作的动力。

为人父母是一项崇高的事业，永远不要低估自己的能力，你正在创造美好的未来，不仅为了你的孩子，也是为了全人类。本书可以帮助你成为理想的父母，培养出让你引以为豪的孩子，并创造出理想生活的世界。

杰克·坎菲尔德
《心灵鸡汤》和《给妈妈们的心灵鸡汤》作者

序 言

《孩子在生活中学习》
的故事

1954年，我发表了一首题为《孩子在生活中学习》的诗歌，是当时我在南加州的报纸上开设的《家庭生活》的每周专栏某篇文章的一部分。那年，我的女儿12岁，儿子9岁，我是一所学校担任教授成人家庭生活教育课程的教师，并在一所幼儿园担任家长教育主任。我完全没想过这首诗会成为世界经典。

在家庭育儿课堂上，父母提出一些问题，《孩子在生活中学习》就是对父母提出问题的回答。这首诗是关于如何为人父母的。大多数父母的育儿方式是说教，告诉孩子什么事该做，什么事不该做。而"引导孩子"的概念鲜为人知，《孩子在生活中学习》使父母意识到：自己在日常生活中的一言一行，才会对孩子产生最大的影响。

多年来，许多研讨会上出现了《孩子在生活中学习》的版本。雅培公司的罗斯产品部门把这首诗的缩略版制成小册子，多年来坚持不懈地发放给医院里的数百万新生儿的父母们，以及儿科医生们。这首诗已经被翻译成三十七种语言，并在世界各国出版发行，在国际上被教师和神职人员用于培训父母和教师。无论这首诗出现在哪里，我都希望它能启发、引导父母，去完成人生中最重要的使命——养育孩子。

时代变迁

随着世界的变化，我也在诗中做了一些改动。这首诗最初写的是"如果孩子生活在……之中，他就学会……"为了拥有更广泛的受众，我把诗歌改成："如果孩子生活在……中，他们将学会……"

与此同时，我还把诗中的复合句"如果孩子生活在诚实和公平中，他们将学会真诚和正义"，拆分成两句诗："如果孩子生活在诚实中，他们将学会真诚"和"如果孩子生活在公平中，他们将学会正义"。在孩子们看来，诚实和公平是两种品质，这一改动更加强调了真诚和正义是两种不同的价值。1990年，我补充了一句："如果孩子生活在友善和体贴中，他们将学会尊重。"随着世界多元文化的发展，我想要倡导人们以尊重为基础，接受人与人之间的差异。

在编写本书的时候，我再一次想到这句话："如果孩子生活在诚实中，他们将学会真理。"20 世纪 50 年代中期，我写这首诗的时候，"真理"的概念很清晰明了。然而，四十多年后的今天（20 世纪 90 年代），我们虽然知道"真理"有很多，但更明白了生活中还有许多"灰色地带"。因此，我选择把这句话改为："如果孩子生活在诚实中，他们将学会真诚。"我认为这种说法传达了一种更现实的期望，即让孩子们发现自己的真实。

在这本书卷首读到的诗歌《孩子在生活中学习》是最完整、最新修订的。

我们要成为怎样的父母

多年来，我不断收到热心读者的反馈。一位妈妈告诉我："你可能不太喜欢，但我把你的诗贴在浴室里。"这是她唯一的私人空间。当她觉得需要安静的时间来提醒自己珍惜作为父母的角色，就会去那里朗读这首诗歌。一位父亲告诉我，他自己手抄了一份挂在车库的工作台上。他说："当我感觉难受的时候，我就会拿来读一读。"正如上述两个例子，《孩子在生活中学习》为父母们提供了一种途径，帮助父母重新审视自己，调整自己的教养方式。

最近，一位祖母告诉我，她参照这首诗的理念来处理与孙子的关系。她说，在抚养自己的孩子时，《孩子在生活中学习》

就像床头的《圣经》一样重要，现在她同样用本诗来养育下一代。另一位妈妈写信告诉我，这首诗是她"为人父母学到的第一课"。很多人都和我分享自己从《孩子在生活中学习》里收获的育儿感悟，我逐渐明白这首诗或许可以作为一个鼓舞人心的范本，告诉人们怎样做好父母。

《孩子在生活中学习》传达了一个清晰而简单的信念：孩子总是在向父母学习。你的孩子一直在关注你。也许不是你告诉孩子该做什么，而是他们在观察你的一言一行。父母是孩子第一个也是最有影响力的榜样。父母可以努力灌输给孩子某些价值观，但父母在日常生活中的行为、感受和态度传递出来的价值观，孩子会自然而然地吸收并效仿。你表达和管理自己情绪的方式将会成为孩子终生难忘的榜样。

我相信每个孩子都是独一无二的，拥有自己的创造力和智慧。见证孩子内在自我的发展，并将孩子的美好品质展现给世界，这是为人父母的荣幸。

我很高兴《孩子在生活中学习》这首诗歌经受住时间的考验，为一代又一代的家庭提供了一种明智的教育方法。这首诗提醒你，你应该花些时间重新思考，对你的家庭生活而言什么是至关重要的事物。我希望这首诗和你手里的这本书能引导和启发你在养育孩子时相信自己的感觉和直觉。当孩子学习如何参与家庭生活并为家庭生活做出贡献时，要记得欣赏和培养孩子独特的内在特质和自我表达能力。通过这种方式,你将和孩子建立起合作关系,这种关系让你们一家人互相鼓励、相互支持、共同分享、共同成长。

当父母们第一次读到这首诗时,经常会说:"这个我知道!"因为这首诗是联结你已有的内在智慧。我写这本书的目的,就是要扩展和补充《孩子在生活中学习》中每句诗的含义。想象一下,我们大家一起坐下来,讨论与孩子们成长相关的事情。希望你把它看作一次分享交流的过程,孩子在生活中学习,长大后就会按照所学的去生活。

多萝西·劳·诺尔蒂

目录

chapter 01 / 如果孩子生活在批评中，他们将学会指责

案例01 你怎么笨手笨脚的！ ... *003*
思考"这是怎么发生的"，让自己和孩子还原事情的过程

案例02 我可以用厨房的刀子吗？ ... *004*
给孩子选择权、发言权，具体引导协助孩子

案例03 快点，以免迟到了！ ... *005*
小心不耐烦的语气，孩子会以为你在责备他

案例04 规定和小心是两回事 ... *007*
明确地指示，孩子才能真正吸取教训

唠叨的潜台词是：不相信孩子！ ... *008*
与其说"别忘记"，不如说"记得做"

案例05 和孩子一起享受成长的惊喜 ... *010*
回应孩子的期待，一点都不算浪费时间

chapter 02 / 如果孩子生活在敌意中，他们将学会争斗

案例06 我讨厌这个饭盒！我讨厌上学！ ... *015*
妈妈情绪冷静，就能化解即将形成的家庭情绪风暴

案例 07 对自己的好朋友发脾气是不好的 ... *018*
　　　　孩子有权利表达自己的感受

案例 08 是我惹你生气了吗？ ... *019*
　　　　承认自己的坏情绪，孩子才知道自己的感觉是对的

案例 09 爸妈，你们是在吵架吗？ ... *020*
　　　　让孩子从父母的争执中理解"吵架后会和好"，学会妥协与沟通的能力

　　　　我们都不是完美的父母 ... *021*
　　　　让孩子知道，爸妈也在学习"变得更好"

chapter 03 / 如果孩子生活在恐惧中，他们将学会忧虑

案例 10 我很害怕，请你保护我！ ... *025*
　　　　同理孩子恐惧的心情，陪他一起面对，孩子才会真正安心

案例 11 爸妈要离婚了！爸爸可能会失业！ ... *026*
　　　　当家庭危机出现，父母的回应让孩子有机会学着勇敢

案例 12 我担心儿子经历我儿时遭遇的痛苦！ ... *028*
　　　　不放心 VS 放手独立，孩子有权经历难过的事

案例 13 乔伊抢走了我的卡车，是我先玩的 ... *030*
　　　　"你希望是什么结果呢？"让孩子说出自己想怎么做

案例 14 上学第一天首先想做什么 ... *031*
　　　　协助孩子提前演练让他提心吊胆的"第一次"

案例 15 谢谢你，我感觉好多了 ... *032*
　　　　适时示弱，让孩子在观察中学会如何面对困难

chapter 04 / 如果孩子生活在怜悯中，他们将学会自怜

案例16　为什么失败的总是我　… 037
父母陷入自怜前，先停止思考问题，试着做点别的事

案例17　你比我童年时幸福得多　… 038
与其拿过去的自己向孩子讨爱，不如清楚、直接地传达想法

案例18　肚子好疼呀！我不想去幼儿园　… 040
其实孩子只是想寻求父母的关心，找时间多陪伴他吧！

案例19　当孩子说"我不行！"时　… 041
别附和孩子自怜的借口，以正向期待培养耐挫力与毅力

案例20　怜悯VS同理心的差别　… 043
协助孩子战胜自怜，转换成态度更积极的同理心

案例21　那天晚上你想做什么　… 045
信任孩子内在的力量，让他从做决定中获得自信心

chapter 05 / 如果孩子生活在嘲讽中，他们将学会畏缩

案例22　他们为什么嘲笑我？　… 049
父母的鼓励能让孩子摆脱嘲笑、胆怯、孤立的恶性循环

案例23　当孩子遭受嘲讽时　… 051
读懂孩子的反常行为，先和他讨论他的真实想法后才开始想办法

案例24　当我们对他人冷嘲热讽时　… 052
别做出让孩子误以为批评别人是没关系的事

案例25 当家人取笑孩子时 … 053
即使是自己的孩子也不能戏弄嘲笑，否则伤害的是彼此的情感

我们无法永远保护孩子，
却可以让家成为孩子心灵的安全港湾 … 055

chapter 06 / 如果孩子生活在忌妒中，他们将学会妒忌

案例26 当父母忌妒他人时 … 058
我们可以选择看待事情的态度：是欣赏、钦佩，还是忌妒

案例27 希望你像姐姐一样优秀 … 061
听懂并回应孩子的内心话——想要平等的爱

案例28 我也想要那件物品 … 063
协助孩子分辨模范与模仿，学会从宏观的角度看待事物

珍视孩子，珍视我们自己 … 065
欣赏自己的特别之处，活出美好的人生

chapter 07 / 如果孩子生活在羞辱中，他们将学会自责

案例29 我刚刚发现钱包中的硬币不见了 … 069
与其斥骂，不如先听孩子解释，再模拟下次该怎么办

案例30 房间像猪窝一样！真丢人！ … 072
明确表达对孩子不赞同的地方，而不是情绪化地羞辱他

案例31 如果我是你，真觉得太丢脸啦！ … 073
别不耐烦，接纳孩子的感觉，才能协助他排解并面对负面情绪

案例32 **对不起，妈妈，我正在打扫呢** ... *075*
接受孩子弥补错误的态度，即使他做得还不够好

案例33 **真的很抱歉！我不是有意的** ... *077*
感同身受、避免再犯，才是负责任、真诚的道歉态度

鼓励与引导永远比羞辱责骂来得有效 ... *079*
耐心等待孩子承认错误，并学会建立责任感

chapter 08 / 如果孩子生活在鼓励中，他们将学会自信

案例34 **当孩子因为没有完成目标而难过时** ... *083*
先肯定孩子做到的，陪他再次挑战时采取更好的做法

案例35 **这些资料中，哪些是你最需要的？** ... *084*
与其说"做得好"，不如以孩子需要的方式提供帮助

案例36 **早知道就买没鞋带的鞋！** ... *085*
预留时间让孩子练习，学会并完成自己该做的事

案例37 **我当初不该鼓励他去竞选班长** ... *087*
与其鼓励孩子"试一次看看"，不如说"尽力而为"

案例38 **你要进这个班才能考上常春藤盟校** ... *088*
欣赏孩子独特的特质，鼓励孩子成为自己想成为的人

案例39 **这个梦想很好！** ... *090*
支持孩子的大小梦想，缩短能力和梦想的差距

相信孩子，为他们提供"做最好的自己"的机会 ... *092*
赞赏能力优点、内在特质，并尊重自主权，
让孩子满怀自信面对世界

chapter 09　如果孩子生活在宽容中，他们将学会耐心

案例40　还要多久？快到了吗？ ... 095
先让孩子知道，你明白让他等待是很困难的，再想办法营造开心的等待时光

案例41　爸爸，你为什么不换车道？ ... 097
让孩子理解：当状况无法改变时，理性分析比抱怨更有意义

案例42　我必须为了孩子变得坚强！ ... 098
面对紧张情势，问自己"还能做什么"，往往能缓和情绪

案例43　番茄又长高了几厘米 ... 099
陪孩子培育植物，让他自然而然了解"有时候急也没有用"

案例44　你觉得新老师如何？ ... 100
宽容并尊重和我们不同的人，不论是当面或是背后的言行

在家庭这个社会缩影中，学着接受差异、欣赏彼此 ... 102
只要想着孩子正在模仿我们，不管多么疲惫、烦恼，都能变得更有耐心

chapter 10　如果孩子生活在赞美中，他们将学会感谢

案例45　能带上妹妹一起玩，你真是个好哥哥！ ... 107
当孩子表现出你希望他发展的特质时，关注和赞美他

案例46　哥哥拿了我的卡车！ ... 108
信任孩子、听他解释，或许他已尽力做到最好了

案例47　就算他有一堆好玩的玩具，我也不想跟他玩！ ... 109
赞同孩子的正向价值观，让他学习合理地评价他人

案例48 没关系,你已经尽力了 ... 111
　　该诚实?该体谅?心态真诚、以身作则,才能让孩子学会社交沟通技巧

案例49 你有没有为自己感到骄傲呢? ... 113
　　提醒孩子赏识自己,给他们源源不断的精神养分

案例50 看看我做了什么 ... 114
　　留心孩子的情绪需求,分辨他是想获得赞美还是关注

赏识美好的事物,让孩子更快乐 ... 116
　　能大方地给予赞美,也能接受赞美,让孩子自信而不羞怯

chapter 11 / 如果孩子生活在接纳中,他们将学会爱人

如果……,我就不爱你 ... 119
　　爱不是奖赏也没有附加条件,无条件地接纳能教会孩子什么是爱

案例51 即使我不喜欢你做的事情,我也仍然爱你 ... 120
　　接纳孩子的同时,要坚持规矩与限制

案例52 为了女儿,我时常有意识地表达我的爱意 ... 121
　　爱孩子,就要毫无保留地让他知道我们在乎他

父母的夫妻之爱,是孩子学会爱人的最直接的参考 ... 123

在父母的爱中,孩子了解自己值得被爱,也有能力给予爱 ... 124

chapter 12 / 如果孩子生活在赞许中,他们将学会自爱

案例53 你真体贴,谢谢你 ... 126
　　提醒自己留意并认可那些塑造孩子性格的"小事"

案例54 **你真是帮了大忙** ... *127*
　　　通过认可孩子的行为，传承家庭价值观

案例55 **你真是体贴又慷慨** ... *128*
　　　认可孩子不自知的人格特质，能增强他的自我认同感

案例56 **我们讨论一下解决办法** ... *129*
　　　从生活小事学习和父母协商，为自己的每个决定负责

案例57 **决定要做对的事！** ... *132*
　　　因为自尊自爱的内在力量，让孩子打从心底拒绝做坏事

案例58 **教孩子喜欢自己、享受自我** ... *134*
　　　别人的认可是一时的，远远比不上自己认可自己

chapter 13 / 如果孩子生活在认可中，他们将拥有目标

案例59 **我没有那种树叶，我想收集它** ... *139*
　　　关注是倾听孩子的话、留意他微小的成长

案例60 **孩子的成果需要被认可和接受** ... *140*
　　　协助孩子发展自信和"做得到"的态度

案例61 **通过引导性问句，协助孩子做长远准备** ... *142*
　　　练习、练习、再练习，让孩子体会努力和结果之间的关系

案例62 **你现在还能做点什么呢？** ... *143*
　　　为目标而储蓄，学到存钱和赚钱的诀窍

案例63 **我们亲手做的！一串只要50美分** ... *145*
　　　帮助孩子达成目标，鼓励孩子的乐观态度

chapter 14 / 如果孩子生活在分享中，他们将学会慷慨

案例64 你们打算一起画什么？ ... *148*
教孩子分享，从"不需要个人牺牲，反而有更多好处"开始！

案例65 或许小宝宝睡觉时，我们一起玩游戏 ... *153*
第二个孩子出生后，尽量给予每个孩子属于他的特别时光

案例66 让我们一起共度美好时光 ... *154*
无论孩子多大，"抽出时间与孩子相处"最好摆在第一位

案例67 希望妈妈多参与他"现在"的活动 ... *156*
弹性调整时间分配，跟上孩子生命变化的脚步

案例68 妈妈的电话好像比我更重要！ ... *157*
孩子有权每天拥有我们的关注，即使只有几分钟！

案例69 当孩子愿意放弃游乐时间去当志愿者 ... *158*
鼓励孩子遵循直觉帮助他人，就算有所牺牲也没关系

案例70 谢谢你陪我，真的非常感谢你的帮助 ... *159*
当分享的种子开花结果，世界会变得更加美好

chapter 15 / 如果孩子生活在诚实中，他们将学会真诚

案例71 这是怎么回事？ ... *163*
问"为什么这样做"比问"是谁"，让孩子更不怕说真相

案例72 请告诉我真话，吃了饼干也没关系，我要知道真相 ... *165*
停下手边的事，和孩子认真讨论，直到他说出真相

案例73　我觉得钥匙被怪兽拿走了　... *167*
　　当孩子编故事时,顺应故事发展也夹带说真话的重要性

案例74　世界上真的有圣诞老人吗?　... *168*
　　当孩子发现故事真相,从欣赏的角度转移孩子失落的情绪

案例75　我是不是不一定要一直诚实?　... *169*
　　花点时间,从各种角度和孩子讨论善意的谎言

案例76　我们再回去把钱还给餐厅吧　... *171*
　　教孩子正直——做正确的事时,即便没有回报,自己也会觉得开心

当孩子询问令人难以解释的性或死亡问题时　... *172*
　　先问孩子知道多少,再选择适合他年龄的说法

真理的价值　... *176*
　　伴随着勇气、承担与平和宁静的生命礼物

chapter 16 / 如果孩子生活在公平中,他们将学会正义

案例77　我们非常在乎你的感觉　... *179*
　　家庭里的公平——给予同等重视但不同方式的关心

案例78　如果你想,我们可以讨论周末上床睡觉的时间　... *181*
　　"你觉得你应该……"鼓励孩子做最适当的判断,并对决定负责

案例79　老师从来不喊我!　... *183*
　　让孩子学习面对并想办法改善不公平

案例80　当孩子看到不公平的事情发生时　... *184*
　　在家中扭转不公平的成功经验,能让孩子为了自己或他人勇敢发声

案例81　难道没有人能为他们做些什么吗?　... *185*
　　即使力量渺小,只要孩子付出行动、试着做出改变,都值得我们骄傲

正义是人生最大的课题之一 ... *187*
从小事学起、从自己拓展到他人,让孩子知道这是可以努力的目标

chapter 17 / 如果孩子生活在友善和体贴中,他们将学会尊重

案例82 用温和的态度,提醒孩子"主动善待人" ... *191*
留意每个偶发时刻,暗示孩子关注别人的需求

案例83 不知道她有什么感受 ... *192*
提醒孩子想象对方的感受、主动修复关系,练习人际互动技巧

案例84 帮忙盖上盖子,颜料干了哥哥会难过的 ... *194*
沟通时强调尊重他人的感受,让孩子了解体贴的重要性

尊重每个人的物品和个人隐私 ... *195*
我们的态度与做法,孩子都看在眼里

案例85 你和爸爸总是吵个不停 ... *196*
孩子会以父母为模板,以同样的方式对待所爱的人

尊重每个人的差异与需求 ... *197*
我们日常的善意举动与主动关心,都是孩子的学习榜样

chapter 18 / 如果孩子生活在安全中,他们将学会信赖自己和他人

信仰是对人的信念、人的价值与整个世界的信心 ... *201*
拥有信仰,能让孩子以乐观的态度面对人生、信任他人

案例86 轻松随意地问孩子:"再试一次?" ... *201*
当孩子还没准备好时,让他先退回原点,不施加过多压力

案例87 让你妈妈开车送我们吧！我们肯定能准时到达 … *203*
　　　　承诺的事尽力做到，若事发突然，务必考虑孩子的感受、告知他

案例88 有人想去看电影吗？ … *204*
　　　　在规律的生活中，偶尔给孩子一些意外的乐趣

案例89 我相信你能做得很好 … *206*
　　　　我们信赖孩子，他就相信自己能做到他想做的事

　　　　当孩子相信自己，也就能信任他人、信守承诺 … *207*

chapter 19 / 如果孩子生活在友爱中，他们将学会爱这个世界

案例90 我们需要你的帮助 … *211*
　　　　知道共同目标，家里每颗小螺丝就都能朝同一方向扭紧

案例91 我可以找爷爷帮忙 … *212*
　　　　协助照顾孩子的成员越多，孩子未来会成为越好的人

案例92 替孩子创造一个更丰富的世界 … *214*
　　　　从每个大人身上看到、学到更多特质与多元观点

案例93 你知道你是迈克最喜欢的叔叔吗？ … *215*
　　　　参加家族聚会，传递代代相传的情感，让孩子更有归属感

案例94 让我们办个沙滩派对吧！ … *217*
　　　　庆祝每一天，将家里的无聊平日转变得值得纪念

　　　　发现这个世界有多美好，并协助这个世界变得更棒！ … *219*

chapter *01*

如果孩子生活在批评中，
他们将学会指责

孩子就像海绵，吸收并模仿父母所做的每一件事、说的每一句话。不管我们是否意识到，自己是否在教他们，孩子每时每刻都在观察并学习我们的言行举止。如果我们喜欢抱怨，比如抱怨孩子、怨天尤人，那么我们就是在教孩子如何抱怨他人，甚至教孩子贬低自己。这时，父母引导孩子看到的世界总是阴暗消极的一面，而不是阳光积极的一面。

批评有很多种表达方式——语言、语气、态度，甚至眼神。我们知道如何用谴责的眼神或者批评的口吻，来增强说话时的抱怨语气。要知道，年幼的孩子对他人的说话方式尤为敏感，会记在心上。例如，一位家长说，"该走了"，语气里没有任何其他含义；而另一位家长，因为赶时间有点不耐烦，虽然说同样的一句话，语气里却隐藏的含义是——都怪你耽误了这么长时间！虽然这两种方式不能保证提醒有效，但孩子接收到这两种不同的语气会产生不同的感受，第二种可能会让孩子产生自责的情绪体验。

诚然，父母也是人，也有自己讨厌的事物，会时不时地发牢骚。我们在发牢骚时可能孩子就在身边，但这并不意味着让孩子生活在一种消极抱怨的氛围中。如果父母过度地抱怨、发牢骚，不管是针对谁，日积月累都会给整个家庭带来消极、抱怨的阴霾。作为父母，我们可以做出选择：是让孩子处于一种指责和终日抱怨的家庭氛围，还是给孩子营造一种鼓励且支持的家庭氛围呢？

案例 01 你怎么笨手笨脚的！

思考"这是怎么发生的"，让自己和孩子还原事情的过程

六岁的艾比站在厨房的餐桌旁，想要把她摘来的花插在桌子上装满水的塑料大水罐里。突然，水罐被打翻了，水、叶子和花弄得到处都是。艾比站在那里，浑身湿透，号啕大哭。她的妈妈立马跑过来。

"哦，天哪！你怎么这么笨手笨脚的？"妈妈恼怒地说。

我们都说过类似的话，不假思索地做出这种反应。这些话我们脱口而出，连自己都感到惊讶。可能是因为我们太累了，可能是我们心里正担心其他事情。现在改变语气还来得及，我们要防止这个小事故被夸大而降低孩子的自我价值感。

如果艾比的妈妈能够控制好情绪，冷静下来，为刚才的愤怒喊叫向孩子道歉，那么结果会更好。艾比可能会为这件事情感到难过，但她不会为自己感到难过。相反，如果艾比的妈妈继续批评她，艾比就会认为自己是个无能且笨拙的人。

即便我们知道心平气和地对待孩子是明智的做法，可是想要压抑恼怒的情绪却没那么容易。我们大多数人都必须努力理解并控制自己的情绪冲动，这样才能想出其他的处理方式。比如询问孩子："这是怎么发生的？"这种处理方式把重点放在事件本身而不是孩子身上。这不仅不会让孩子感到自卑和挫败，还会引导、鼓励孩子去学习。通过鼓励孩子描述事件的过程，你可以了解整个事情的来龙去脉，甚至能发现未来解决此类事情更好的做法。

案例 02 我可以用厨房的刀子吗？

给孩子选择权、发言权，具体引导协助孩子

其实，事先多花些时间做计划，并给孩子设定好界限，有些麻烦是完全可以避免的。一般来说，孩子常常想要取悦父母，我们可以一开始就对孩子说清楚要求，孩子更容易做到。我们给孩子提出的建议必须是具体的，并且适合孩子年龄的，以孩子能够理解的要求来指导他们的行为。

一个下雨天，四岁的本告诉妈妈，他和朋友想用橡皮泥捏小动物玩。妈妈当时正忙着核对账单，她可以简单地回应一下孩子，让孩子们自己玩。可是，本的妈妈却站了起来，取出一个旧浴帘，铺在地板上，对孩子们说："你们就在这上面玩吧！把四个角给铺平了，这里足够给你们建动物农场了。"

孩子们把橡皮泥堆在浴帘布上，本问妈妈："我们能用厨房里的刀吗？"

"那可不行。刀不是用来玩的。用切饼干的小刀怎么样？"她回答。

"好吧。我们还想要一些木头勺子可以吗？"本又问。

"当然可以。"妈妈说，拿出一堆厨房用具，"不过要记住，玩完你们可要帮忙清理哦！"

对本的妈妈来说，事先为孩子安排这些活动对她的工作可能是一种干扰，但能避免后续的麻烦：一边收拾黏在地板上的橡皮泥，一边克制自己心中的怒火。妈妈事前的规划，也给本提供了学习如何与人谈判的机会，让本争取他想玩的厨房用具。虽然花费了一些时间，但能给孩子提供多种选择的机会，并让孩子有机会做决策。如果孩子每天都能积极地参与做决策，就能够建立积极的自我肯定感，认为"我能行"。

案例 03 快点，以免迟到了！

小心不耐烦的语气，孩子会以为你在责备他

实际上，我们并不是总有时间或先见之明，我们没法做到事无巨细、面面俱到。

一天,我的一位朋友催促五岁的女儿凯蒂赶紧出门,因为还有好多的事情等着她们,包括带凯蒂去理发。路上,妈妈说:"快点,亲爱的。你还要理发呢!我可不想迟到。"没想到,凯蒂突然大发雷霆,恼怒的妈妈认为她很"任性",于是凯蒂变得很沮丧,气得说不出话来。在成人看来,凯蒂妈妈说的话并不算严厉,但凯蒂得到的信息却是:"这么任性,你真是个坏孩子。"

等凯蒂情绪平复后,她向妈妈解释,她想留刘海儿,不想剪。妈妈惊讶地盯着女儿,才明白孩子刚才大发雷霆的原因。"好吧,宝贝。"妈妈说,"我们可以跟理发师说一下,不剪掉你的刘海儿。"如果妈妈在吃早餐时和凯蒂讨论一下理发的事情,她们可能就不会遭受暴怒情绪的折磨。

当然,无论我们多么通情达理、有耐心,或者不管提前做了多少准备和规划,总是会有和孩子意见不一致的时候。接下来的问题是,如何解决冲突,才能对孩子的伤害最小。因为如果父母和孩子僵持不下,是没有赢家的。凯蒂的妈妈尊重女儿决定自己发型的权利,这种让孩子拥有对小事务控制权的方式,有助于父母与孩子之间建立信任关系,让孩子成长为青少年时面对重大决策时仍能与父母一起交流。因为孩子在成长过程中知道父母会倾听自己的意见,尊重自己的想法,他们更愿意和父母交谈,一起解决问题。

案例 04 规定和小心是两回事

明确地指示，孩子才能真正吸取教训

通常，我们批评孩子们时，目的是鼓励他们做得更好，变得更优秀，也许这是小时候父母教育我们的方式。或许是因为压力太大或过度劳累，我们可能会迁怒于孩子。但是，批评并不是鼓励。对孩子来说，批评更像是负面打击，孩子更可能采取防御而不是合作的行为。年幼的孩子很难理解，父母批评的是他们的行为，而不是他们本人。

然而，我们仍然要告诉孩子，我们不喜欢他们的行为。如果父母花点时间思考一下语言对孩子的影响，就能在不伤害孩子的情况下选择正确的措辞。不管发生什么事，我们都要让孩子知道，即便做错了事情，他们仍然是好孩子。

威廉的爸爸听到玻璃破碎的声音，就知道发生了什么事。他平静地从厨房走到了客厅的窗户旁，碎玻璃散落在地板上。八岁的儿子站在外面，脸上带着惊讶和恐惧。棒球棒落在脚边，球在客厅的地板上。

"现在你知道了吧，为什么我规定'不允许在房子附近玩棒球'了吧？"爸爸问。

威廉低下头。"我知道，爸爸。可是我已经很小心了。"

"不，威廉，我们的规定与是否小心没有关系。"爸爸态度很坚决，"我们的规定是要保持距离。"

"对不起，爸爸！"威廉说，他希望可以结束这场谈话。

爸爸严肃地看着他说："好吧，我们先看看修理窗户要花多少钱，然后再算你要存多久的零花钱来付修理费。"

听了爸爸的话，威廉开始理解自己所犯错误的后果。父亲看到儿子垂头丧气、萎靡不振。

"你知道吗，我在你这么大的时候也打破了一块玻璃，爷爷也让我赔了钱。"他向儿子坦白道。

威廉全神贯注地听着。"真的吗？"

"是啊！那花了我攒了很长时间的零花钱。"爸爸说，"从那以后，我再也没有打破过一块玻璃。现在去拿扫帚和簸箕，我们把这些碎玻璃打扫干净。"

过分地责备或惩罚只会让亲子关系产生裂痕。事实上，我们都会犯错，意外也常会发生。这时，我们需要能提供一些有用的建议，让孩子更好地吸取经验教训，明白自己行为和后果之间的联系，让他们知道今后如何做是正确的。

唠叨的潜台词是：不相信孩子！
与其说"别忘记"，不如说"记得做"

我们可能没有意识到，长期的唠叨和抱怨就是一种隐性的责备。唠叨潜在的含义是"我可不相信你会记得"，或者"我可不相信你能做得好"。这种从孩子身上期望最坏结果的方式毫无益处。即便是非常年幼的孩子,很快也会对重复唠叨的话语置若罔闻,而青春期的孩子更常常是"一只耳朵进,一只耳朵出"。

其实,比起唠叨,我们还有更好的办法,那就是事先建立合理的期望和积极的引导。比如我经常向家长们建议,如果想要孩子改掉丢三落四的坏习惯,一个简单而有效的方法就是不再强调"别忘了……",而开始强调"请记得……"。

告诉孩子你想让他记住什么。比如"请记得把你的袜子放进洗衣篮"和"请记得,把这个洋娃娃留在家里玩"。这种鼓励的语气很重要,对任何年龄阶段的孩子都很受用,能收到很好的效果。尤其对于刚开始接触学习家庭生活的孩子效果非常好,最重要的一点是,要对孩子所做的事情给予肯定,"你真是一个好帮手,还记得把积木收起来!"这种积极正面的评价,让孩子知道你对他的期望,同时让孩子得到鼓励。

和唠叨一样,抱怨其实无济于事,不是教育孩子的好办法。抱怨指向的是困难、缺点和失望,而不是解决办法。不要让孩子学会以这种被动、消极的视角来看待世界,或者认为应对问题的方式就是抱怨。不要用抱怨代替行动,而是要尽可能地想出创造性的解决方法,并鼓励孩子一起想办法。

想想在日常生活中,我们有多少牢骚:抱怨工作环境,抱怨周围的人,甚至抱怨天气……如此多的抱怨,令我们自己都感到惊讶。我们难免偶尔发发牢骚,但请记住在孩子面前要设置一个"停止抱怨"的按钮。

在孩子面前抱怨配偶尤其具有破坏性,会让孩子陷入婚姻权力斗争的旋涡中,纠结于站在爸爸这边,还是妈妈这边。对孩子来说,这是很难面对的困境,因为孩子想要对父母双方都忠诚,所以备受折磨。

同样地,抱怨孩子们的祖父母也会让孩子陷入进退两难的处境。我们对于祖父母的抱怨应该私下讨论,以免破坏孩子与祖父母之间的感情。对于家人之间的不和,相互指责抱怨,孩子非常敏感,我们不要让抱怨来加重他们的心理负担。另外,应该让孩子看到家人之间彬彬有礼。通过观察家人之间的互动,孩子学习如何处理人际关系,以及如何与亲密的人相处。

案例 05 和孩子一起享受成长的惊喜

回应孩子的期待,一点都不算浪费时间

孩子不断地从父母身上学习,同时我们也不断地向孩子学习。

我的一个朋友,有两个儿子,一个七岁,一个八岁。

一天晚上,他们一家从外面回来,朋友想让孩子们马上下车，赶紧上床睡觉。像往常一样，两个男孩都不想上床睡觉，快进家门时，小儿子说："我们能不能看一会儿星星呢？"

父母停下了脚步，他们本可以选择这么说："你们就喜欢磨蹭，别这么难缠了，都这么晚了，该睡觉了！"但他们没有这么做。那天晚上，他们不仅陪孩子们一起欣赏夜晚的星空，还发现了孩子们脸上的熠熠星光。

成年人"看星星"与孩子"看星星"有本质的区别。成年人只会看几眼，然后将注意力迅速转向"必须"做的事情，而孩子们会带着好奇和期待的心情看星星。向孩子们学习吧！像他们一样用全新的眼光看待世界，这种亲子体验能让家庭生活充满活力，让我们和孩子一起学习、共同成长。

chapter 02

如果孩子生活在敌意中，
他们将学会争斗

大多数人都不认为自己怀有敌意，认为自己的家与那些当地新闻上的暴力、虐待家庭不同。然而，我们仍有可能在家里制造一种未被察觉的怨恨和愤怒的气氛，这种气氛慢慢渗入家庭生活，影响孩子的成长。

当然，人类历史上有太多敌对和战争的前车之鉴。在地球上，战争时时刻刻都在发生。在我们身边，仇恨犯罪、家庭暴力、帮派斗争等并不陌生。孩子通过电视和电影接触到不计其数的打斗和暴力场面，甚至有些孩子在日常生活中已经接触到敌意，在兄弟姐妹之间、同学之间、陌生人之间、邻里之间，敌意和愤怒一触即发。孩子还可能看到或听到父母之间、父母和老板或邻居之间发生争执。

生活在敌意的氛围中，孩子容易变得乖戾和脆弱；一些孩子会变得强硬，就像浑身长满刺的刺猬一样，总是准备以暴制暴，甚至挑衅他人；而另一些孩子则会表现得怯懦，非常害怕冲突，他们逃避任何形式的冲突，即便只是非常小的分歧。在学校的操场上，你常能看到上述两种表现的孩子。

家庭中的暴力行为让孩子认为争斗是必要的，是解决问题的方法之一。孩子长大后就会认为，生活就是一场战斗，如果他们不去争斗，就会遭受不公平的对待，或者他们认为必须为生存而争斗。这不是我们希望孩子应对世界的方式。作为父母，我们如何解决分歧和处理家庭矛盾，就是在教孩子学习如何处理矛盾冲突——是破坏性的敌对和争斗，还是建设性的对话和解决方法。

案例 06 我讨厌这个饭盒！我讨厌上学！

妈妈情绪冷静，就能化解即将形成的家庭情绪风暴

每天鸡毛蒜皮的日常琐事让我们抓狂。当挫败感不断累积时，我们就会忍不住发脾气。一般来说，让我们大发雷霆的不一定是重大事件，而是"压死骆驼的最后一根稻草"之类的小事情。通常在漫长的一天结束后，一家人又累又饿地回到家中，积累了一天的压力就容易爆发。

这一天，四岁的弗兰克在幼儿园过得很不开心。他没有得到玩电脑的机会，他认为老师不公平。放学后，爸爸因为工作有急事，又是最后一个来接自己。

在回家的路上，虽然爸爸又烦又累，还是假装很高兴、感兴趣的样子，问弗兰克："今天在学校过得怎么样？""还行。"弗兰克在汽车后座上，茫然地盯着窗外。收音机里正播放着新闻，交通也不太顺畅。

他们回到家时，妈妈正在厨房忙着准备晚餐，电视机播放着新闻。每个人都饥肠辘辘。在脱夹克外套时,弗兰克不小心碰翻了午饭盒,饼干屑撒了一地。

这个场景太常见了,很容易想象接下来会发生的事情。很多时候,我们都过着类似忙碌的生活,也知道要兼顾所有的事情有多么困难。我们经常要处理不耐烦、失望、烦恼和愤怒的情绪,如何在有压力的情况下巧妙地处理这些糟糕情绪?当内心出现糟糕的小情绪时,我们应该觉察并疏导它,否则情绪会逐渐在心中累积,由"小情绪"演变成"大暴怒",最后一发不可收拾。幸运的是,在面对这种情况时,妈妈能够处理好心中涌起的烦恼,然后把事情解决好。

她递给弗兰克一个小簸箕和扫帚,说:"没关系,宝贝。这个给你,你去清理干净吧。"

她把鸡肉放进烤箱后,来到弗兰克身边,鼓励他说:"你扫得真干净,让我帮你处理剩下的面包屑。"她拿起扫帚,从弗兰克手里接过簸箕,把剩下的碎屑扫进簸箕里,弗兰克终于放松下来,露出了感激的微笑。

我们知道,这个场景可能会有截然不同的结果:弗兰克把饭盒碰掉到地上后,沮丧得几乎要发脾气了,他喊道:"我讨厌这个饭盒!我讨厌上学!"妈妈可能会因此责怪爸爸,对爸爸

晒书活动来啦

亲爱的读者朋友们,从您拿到书的那一刻起,就正式被我们邀约为【图书分享者】啦!

当您阅读完《一流的教养》,您收获了哪些宝贵的育儿经验或心得体会,希望分享给大家呢?

紫图图书诚挚邀请您参与【晒书活动】,每位参与者均有机会获得惊喜奖励哦!

塑造孩子积极的心理、性格和情绪
孩子就像海绵,吸收并模仿父母所做的
每一件事、说的每一句话

活动详情

1. 晒出你的《一流的教养》,将图片或视频发布到【抖音】或【小红书】平台,带话题#一流的教养#。

2. 分享晒书截图给我们,即有机会赢取现金奖励。关注【紫图图书】微信公众号或添加【紫图小编】微信,回复关键词"一流的教养"了解更多活动详情。

单篇笔记或视频 点赞超过2000的读者 ¥200元	单篇笔记或视频 点赞超过3000的读者 ¥600元	单篇笔记或视频 点赞超过4000的读者 ¥800元	单篇笔记或视频 点赞超过5000的读者 ¥1000元
现金奖励	现金奖励	现金奖励	现金奖励

扫一扫 了解更多活动详情
扫一扫 添加小编微信

紫图图书推广部:
010-64360026

ZITO 紫图图书

活动时间
2022 —— 2024
5月1日   4月30日

大喊:"我正在做饭呢!你回到家就不管孩子了吗?"或者对弗兰克训斥道:"你又弄得一团糟!你就不能再小心点吗?"

当糟糕的情绪出现时,及时处理要好得多,即使只是说给自己听。如果任由坏情绪积累,升级为敌意,最终会引发争执,孩子会在一旁观察父母如何处理这些坏情绪,并习得我们的处理方式。

有趣的是,从孩子身上,我们或许可以学到释放压力的方法。有时候,孩子会停下手头的事情,转而从事消耗精力的活动,比如跑步、画画或者和洋娃娃玩过家家,这些都是他们本能地释放挫折感的方式。

与其发脾气,我们不如试着活动一下身体来化解心中的愤怒,比如快步走、做园艺、洗车等。如果没有时间进行身体活动,我们也可以把注意力集中在呼吸上,先深深地吸一口气,然后慢慢地从一数到十再呼气,反复数次,仅仅这样做就能释放情绪。这样做可以释放心理压力,让自己重新掌控情绪。这个方法不仅能帮助我们消除紧张情绪,还能为孩子树立一个好榜样。

如果孩子不能通过玩耍舒缓情绪时,我们还可以教孩子通过想象游戏的方式来放松情绪。比如弗兰克这一天在幼儿园过得很不愉快,回到家后父母可以这样问他:"你觉得自己今天在幼儿园像哪种小动物呢?"他可能回答说:"我想像狮子一样咆哮。"我们还可以这样接着问："你回到家感觉自己像哪种小动物呢？"他很可能会回答："现在，我感觉自己像只可爱的小狗，让人看了很想抱抱。"父母听到这样的回答就会明白，经历了艰难的一天，孩子需要一些拥抱和安慰。

案例 07 对自己的好朋友发脾气是不好的

孩子有权利表达自己的感受

和成人一样，孩子有权利表达自己的情绪，包括愤怒。但是这并不意味着他们有权伤害他人或破坏物品，比如打人、踢人、咬人、推搡等暴力行为都应该被禁止。小孩子尤其需要我们帮助他们学习用语言表达自己的情绪，而不是通过破坏性的行为。作为父母，我们应该理解和尊重孩子的挫折感，同时坚持原则，避免孩子做出不当的行为，找到两者之间的平衡确实是一个挑战。

这天下午，妈妈制止了九岁的女儿特莎和朋友之间的争吵。"对自己的好朋友发脾气是不好的。"妈妈说道，"好了好了！你们两个都停下来！"

晚上，特莎忘记刷牙了，妈妈因此而责骂她。特莎回嘴道："对自己的女儿发脾气是不好的。"妈妈被气得火冒三丈。

如果妈妈能冷静思考一下,她就会明白特莎并不是在嘲笑她,也不是在挑战她的权威。她只不过是在质疑妈妈前后言行不一致。特莎对此表示质疑:为什么成年人可以生气,小孩子却不能?为什么别人可以对自己发脾气,自己却不能这样对待别人?特莎的质疑是正确的,我们绝不想让孩子用这种双重标准来处理问题。

我建议父母让孩子充分表达自己的感受。父母可以用提问的方式帮助孩子表达,而不是用结论式的描述,不要说:"我知道你对……很生气",可以试着问:"有什么事情让你不开心呢?"或"什么事让你心烦意乱?"然后继续追问:"怎样做会让你感觉好一些?"这样做能帮助孩子调整自己的情绪,找到更多处理情绪的方法。

案例 08 是我惹你生气了吗?

承认自己的坏情绪,孩子才知道自己的感觉是对的

父母如何处理不耐烦、敌意和愤怒等坏情绪,对孩子会产生很大的影响,比口头教育的影响更大。我们不想把自己的坏情绪强加给孩子,但我们也不想假装自己的坏情绪完全不存在。在任何情况下,我们都要诚实,因为无论怎么假装,孩子都能察觉出我们的真实感受。

一周紧张的工作结束后，星期六一大早，妈妈正忙着收拾屋子。九岁的萨姆注意到妈妈在用力地摔打着沙发枕头，很生气的样子，他问妈妈："是我惹你生气了吗？"

妈妈停下来，打起精神说："不，亲爱的，当然不是。"

于是，萨姆跑到外面去玩，可是心里感觉很困惑、不安，不知道该怎么办。其实，妈妈完全可以坦诚地说："是的，我不高兴。我希望你不要在客厅里乱扔玩具。光是打扫客厅就够我忙的了，现在还要把所有的玩具都搬回你的房间。你能帮我收拾这些玩具吗？"这样萨姆就会知道自己的感受是准确的，知道妈妈是真的在生气，而且他会清楚地知道妈妈希望他怎么做。

案例 09 爸妈，你们是在吵架吗？

让孩子从父母的争执中理解"吵架后会和好"，学会妥协与沟通的能力

孩子们还需要知道，父母之间会产生矛盾，有对彼此发火的时候，但父母最终能解决分歧。

一天半夜，七岁的卡拉从睡梦中醒来，听到父母在争吵。她很害怕，吓得躲进被子里，最后又睡着了。第二天早上，爸爸知道卡拉听到了争吵，向卡拉解释说："昨天夜里，妈妈和我讨论家里资金预算的问题，我们产生了分歧。很抱歉把你吵醒了！"

让卡拉知道父母确实争吵过，但不会影响夫妻关系，这一点很重要。爸爸可以进一步解释："你妈妈和我有不同的看法，但我们已经想出了一个折中的办法。如果还不行的话，我们会另想办法。"爸爸的解释帮助卡拉明白，任何人都有生气的时候，甚至还会吵架，但这并不意味着他们不再相爱了。她也会懂得，生活中并不是所有的问题都能轻易解决，需要多次协商沟通才能解决问题。与人相处不可避免会产生矛盾，请坦诚地告诉孩子，这样孩子将学会一项与人相处的重要技能：妥协和协商。无论是现在还是未来，孩子在生活中都能用得到。

我们都不是完美的父母

让孩子知道，爸妈也在学习"变得更好"

对我们大多数人来说，飘忽不定的坏情绪就像多云的天气一样。就像对待天气一样，我们认为坏情绪是自然而然发生的，我们无法掌控它。其实，等我们理解自己时，就会明白坏情绪是如何发生的。如果越积极、建设性地处理自己的坏情绪，那么坏情绪升级的可能性越小，因为坏情绪只会让情况更糟。

讽刺的是，每当坏情绪发生时，我们更倾向于向家人发泄，而不是向熟人、朋友或陌生人。这就是为什么当坏情绪出现时，及时疏导和处理它们是多么重要。毕竟，相比勃然大怒，小烦恼更容易处理。

在孩子面前，我们不必把自己塑造成完美的榜样，知道这一点很重要，这样能让自己放松下来。每个人都有想发脾气的时候，如果我们能够承认和反省自己的错误，并为我们的行为道歉，孩子将学到重要的一课——爸爸妈妈也在不断地努力学习处理自己的情绪。要让孩子知道，坏情绪不是需要抵抗的敌人，而是要创造性加以掌控的能量，如何使用和控制这些能量对我们自己以及整个家庭的幸福都非常重要。总之，我们的日常行为形成了家庭模式，我们的孩子将会学习、继承这种家庭模式，并传给他们的下一代。

chapter 03

如果孩子生活在恐惧中，
他们将学会忧虑

孩子们都喜欢寻求刺激，玩鬼怪游戏、听恐怖故事或者看恐怖电影。我记得自己十几岁的时候，每周五晚上都会去朋友家里，关着灯几个孩子一起挤在收音机旁边，听《女巫故事》的节目，现在听起来可能会觉得平淡无奇，可是当时却把我们吓坏了。在节目结束后，走在黑漆漆的回家路上，我们还要尽量装得无所畏惧，那简直是最恐怖的部分。那时候，虽然内心深处知道自己是安全的，很快就能回到舒适、明亮的家里，但我们还是好奇想知道黑暗的角落里隐藏着什么，那时刻肾上腺激素急剧分泌，心脏怦怦直跳，心惊胆战。

而生活在真正的恐惧中完全不同，无论是体罚、精神虐待、遗弃，或重大疾病带来的威胁感，还是应付邻居小霸王的欺负，整天面对这些真实的恐惧会让孩子渐渐失去自信和基本的安全感。

恐惧会破坏孩子成长、探索和学习所需的安全环境，使他们产生持久的担忧与恐惧感，这种恐惧会破坏孩子与人相处，让孩子难以面对新的环境。

案例 10 我很害怕，请你保护我！

同理孩子恐惧的心情，陪他一起面对，孩子才会真正安心

孩子恐惧的原因可能令父母大吃一惊。在大人们看来不以为然的事情，比如邻居家新来的狗，长满枯枝败叶的老枫树，甚至是大人们一些夸张、不经意间的话语，可孩子们却真的会感到害怕。

一个三岁的孩子问妈妈："妈妈，你真的要'散架'了吗？你刚才是这么对凯茜姨妈说的。"

有时，年幼的孩子会按照字面意思来理解成人的语言。此时，妈妈应该向小女孩解释"散架"的不同含义，同时给她一些安慰和温暖的拥抱。

无论原因是什么，如果你的孩子感到害怕，你一定要认真对待。恐惧感的确存在于观察者眼中，我们需要从孩子的视角来看待这个世界，诸如"别傻了""那不算什么""勇敢点""别做胆小鬼"这类话只会贬低孩子，让他们把恐惧压抑在内心深处，但是恐惧感还是会继续增长。

在我的育儿课堂上，参与者经常问我："你怎么区分孩子的表现是恐惧，还是想要引起大人的关注？"

我的答案是：我们无法分辨。其实，父母不必过分担心被孩子的情感需求操控。你的孩子需要得到关注，就像人类需要

食物和住所一样合情合理。有时，孩子想表达的是既害怕又需要关注。

三岁的亚当就是典型的例子。他们一家最近搬进新房，亚当开始上幼儿园，他的小妹妹刚出生。对亚当的父母来说，都是值得高兴的事情，但对亚当来说，却意味着自己之前幸福生活的终结。他感到整个世界都与以往不同了。一天晚上，妈妈不在家，亚当走到爸爸跟前，提出了一个不同寻常的请求。

"爸爸，我很害怕，请你保护我！"说着他哭了。

爸爸可能会说："保护你？为什么呢？你现在已经是大哥哥了，你不应该害怕。"然后让亚当独自回到床上睡觉。

然而，爸爸理解了亚当的情感诉求。"保护你吗？当然可以，没问题！"爸爸回答道，"过来，到我怀里来，我们在一起会很安全的。"

爸爸善解人意的语言和亲密的身体接触给了亚当极大的安慰，陪他度过艰难时刻，帮他从恐惧中走出来。

案例 11 爸妈要离婚了！爸爸可能会失业！
当家庭危机出现，父母的回应让孩子有机会学着勇敢

当然，有时候"神奇魔法"也没有办法帮助孩子消除恐惧

感。如果家庭遇到真正的危机，无论是妈妈挥舞的扫帚还是爸爸温暖的拥抱，都不能驱散孩子恐惧或悲伤的情绪。对孩子来说，最可怕的事情，就是家庭解体或日常生活节奏被彻底打乱。有序稳定的家庭生活有助于孩子养成平和稳定的心态，然而，当危机发生时，他们会觉得自己的世界崩塌了。

除了父亲或母亲去世，父母离婚是孩子世界中最可怕的事情。许多孩子生活在对父母离婚的恐惧中，不管这种恐惧是否符合现实。只要听到父母一方抱怨另一方时，孩子的这种恐惧感就会增加，时常会焦虑不安。恐惧父母离婚的背后，其实就是孩子对被抛弃的恐惧。如果父母中有一个人离开了家，孩子就会认为这个家不复存在。

所以，当父母离婚时，孩子会觉得失去了整个世界。对于正在离婚的父母双方来说，最难处理的是如何在解除婚姻关系的同时，最大限度地保护好孩子。不管在婚姻生活中，父母对彼此有过多少伤害、感到多么沮丧或愤怒，孩子都不可避免地被卷入其中，所以当离婚涉及孩子时，父母应该冷静处理。要做到这一点，的确非常困难，尤其是当双方愤怒争吵的时候。但请记住，这也是孩子最需要安慰的时刻，父母要让孩子明白：无论发生什么，父母永远爱他们。

即便孩子不能完全理解事情的原委，也能够感知到任何家庭危机。

六岁的琳恩无意间听到父亲说可能会失业,她开始担心一家人将来无家可归、饥肠辘辘。爸爸向她解释说:"我们会有办法挺过去的,可能暂时需要减少一部分开支,但我们一定会好起来的。"爸爸的话让琳恩勇敢振作起来,还想要为家庭尽一份自己的力量。"我真的不需要新运动鞋,至少现在不需要。"她说。

案例 12 我担心儿子经历我儿时遭遇的痛苦!

不放心 VS 放手独立,孩子有权经历难过的事

有时我们意识不到,父母的焦虑或担忧常常会传递给孩子。所以我们必须留意自己经常说的话,如果我们总说"我害怕……"或"也许不会……"或"我担心……",孩子经常听到这类担忧的话语,容易形成一种忧虑的心态。我们对孩子的期望是通过不断鼓励来实现的,整天消极的想法会形成恶性循环。越往坏处想,结果就越糟糕。

然而,如今的父母更担心自己的孩子。我们面临着两难境地:如何避免给孩子灌输不必要的焦虑,还要让他们对危险情况保持警惕和自我保护。例如,我们希望孩子对陌生人保持谨慎,但不要假定每个陌生人都怀有敌意或恶意。我们希望孩子在父母的保护圈内,但也不因父母不在身边而感到脆弱。既要培养自信的孩子,又要尽力让孩子远离伤害,这对父母来说是

个巨大的挑战。

解决这个难题不是件容易的事，父母必须独立思考，仔细权衡如何回答孩子的问题，思考应该给予孩子多大的独立自主权，对于不同年龄的孩子应该有不同的处理方式。四岁的艾莉森询问妈妈能否去公园玩，考虑到公园里有陌生人，妈妈平静地回答："可以的，艾莉森。我和你一起去，我在旁边陪着你。"可是，当十岁的肯宣布想独自步行去上学时，他的父母不得不权衡一下，如何保证他在路上的安全，并且培养孩子的独立意识。

作为父母，我们还有另一个恐惧，就是担心孩子经历像我们童年一样的痛苦。父母对孩子生活的方方面面过度干涉，结果可能事与愿违。

卡尔的爸爸是个棒球迷，他的痴迷程度让妻子、教练还有七岁的儿子都难以接受。这位父亲向我解释自己的担忧："我在卡尔那么大的时候不擅长运动，是球队里的最后一名，当时我感觉非常痛苦。我担心同样的事情发生在卡尔身上。"

卡尔应该被允许发展自己的运动能力，不该为父亲的失败经历承受精神负担。简而言之，爸爸必须退出，让儿子自己去经历和体验。父母必须记住，孩子不是我们的替代者，他们有权利感受自己的人生。

案例 13 乔伊抢走了我的卡车，是我先玩的

"你希望是什么结果呢？"让孩子说出自己想怎么做

孩子的世界与成人不同，他们并不总是把发生的事情告诉父母。父母很容易忽视日常生活中让孩子感到害怕的事情。例如，许多孩子每天都生活在来自同学、邻居，甚至是家里的兄弟姐妹的威胁中。

这些威胁可能是欺凌、恐吓、辱骂或嘲笑。年幼的孩子可能不知道如何表达自己的恐惧和委屈，年长的孩子可能觉得应该自己处理这些事情。我们需要花点时间询问孩子，平常与其他孩子相处得怎么样。

妈妈漫不经心地问五岁的儿子安德鲁："今天在幼儿园发生了什么事？"（这种询问方式往往比"今天在幼儿园怎么样？"能得到更多的信息。）

"乔伊抢走了我的卡车，是我先玩的。"

"后来发生了什么事？"

安德鲁低下头咕哝道："没什么，我不知道。"

此时，妈妈意识到乔伊欺负安德鲁了，她想要帮助安德鲁找到应对这种情况的方法。"乔伊抢了你的卡车，你一定很生气吧！你想想能做些什么来处理这件事呢？"妈妈的提问帮助安德鲁思考如何处理困境，并想出处理的办法。

安德鲁想了很多办法，他可以把卡车抢回来，可以告诉老

师，还可以去玩别的东西，不再和乔伊玩，和其他孩子一起玩。妈妈甚至不需要告诉安德鲁应该怎么做，只需要倾听和帮助安德鲁继续探索"处理困境"的各种方法。想要继续帮助孩子，我们还可以这样问："你最希望的结果是什么呢？"

安德鲁可能会回答："我想要回那辆卡车。"

一旦孩子明确自己想要什么，他就会开始制订富有成效的行动计划。"我想明天早上先去拿卡车，如果乔伊想要，我会告诉他'不行！'"

案例 14 上学第一天首先想做什么

协助孩子提前演练让他提心吊胆的"第一次"

对许多孩子来说，面对新环境是令人害怕的。比如第一天上学、第一次看牙医、第一次乘坐飞机旅行，会让孩子们感到很紧张。我们应该耐心地支持和鼓励他们，帮助孩子渡过每一个里程碑式的难关。当父母向孩子表达对他们有信心时，孩子就会对自己充满信心。下次当你说"你一定会做得很好，我知道你能行"时，可以观察孩子的表情、姿势等肢体语言。

对于幼儿的"第一次"经历，要做好额外的准备，比如在开学前去参观新幼儿园的教室。桑迪在教室里探索了所有的学习区域后，妈妈问她："上学第一天首先想做什么？"

"喂鱼！"桑迪毫不犹豫地回答，显然，她已经开始想象自己在幼儿园的生活了。

对一些孩子来说，另一个恐惧的来源是电视机，里面每天都充斥着各种暴力的新闻、电影、广告和戏剧节目。年幼的孩子无法区分现实和虚构的世界，不管是现实还是虚构的暴力内容，都应该尽量避免让孩子受到这种恐惧的影响。有些大一点的孩子对电视里出现的事故、伤害、暴力和谋杀的画面能从容面对，而另一些孩子则会心烦意乱，难以摆脱这些不良画面的影响。父母需要评估自己的孩子处理电视暴力的能力，并相应地限制孩子观看。

案例 15 谢谢你，我感觉好多了
适时示弱，让孩子在观察中学会如何面对困难

为了孩子我们变得无比坚强，因为我们想让孩子觉得父母就是最安全的港湾。但是，父母也要有勇气表达自己的脆弱，告诉孩子自己也有害怕的时候，就像《绿野仙踪》里胆小的狮子那样。每个人都有感到害怕的时候，关键在于如何处理。让孩子明白父母不是超人，父母也只是普通人，不是十全十美的，有时候父母也需要支持和安慰。请你想象一下，当孩子给

我们大大的拥抱时，当孩子伸出小手轻拍我们的后背时，那会是一种怎样的幸福和安慰啊！

八岁的菲比知道妈妈准备去看医生，有些惴惴不安。菲比没有必要知道所有的细节，那是她无法理解的。但在那天早上去学校前，妈妈走过来与她拥抱道别时，菲比回应了妈妈一个安心的拥抱。妈妈从她的拥抱中感受到了巨大的安慰，她一脸惊讶地说："谢谢你，菲比。你帮了我大忙！"

通过观察父母处理恐惧的方式，孩子们学习如何处理自己的恐惧。我们应该让孩子看到：当需要安慰的时候，我们如何向配偶、朋友和家人寻求支持；另外，在配偶、朋友或家人需要安慰的时候，我们如何给予支持和安慰；在面对困难时，我们如何识别并表达自己的感受，找到创造性的解决办法，那将会是孩子在面临危机时的模仿榜样。

chapter 04

如果孩子生活在怜悯中，
他们将学会自怜

自怨自艾就像陷入沼泽里，被一种不可思议的神秘力量向下拉，你会感到不知所措和无能为力，唯一的希望就是有人能拉你出来。

自怜的心态容易招致失败，如果我们同情孩子，或者表现得自怜，那就是在教导孩子，为自己感到难过是很正常的。然而，这么做并不能让孩子养成积极主动、百折不挠或热情洋溢的品质。相反，为自己感到难过会让人失去成长的动力，让他们处于一种无助和不自信的状态中。

我们希望孩子在处理问题时足智多谋，发掘自我潜能，并且在需要的时候向他人求助。为了给孩子树立好榜样，我们应该在自己的生活中先做到这一点。我们不可能每次都做得十全十美，但可以让孩子学会依靠内心的力量去迎接挑战。这意味着我们必须找到自己的内心力量来面对生活遇到的挑战。我们必须对孩子充满信心，相信当他们在生活中遇到困难时，能够接受挑战。

案例 16 为什么失败的总是我

父母陷入自怜前，先停止思考问题，试着做点别的事

每个人都有感到挫败的时候，感觉工作压力大，不被领导重视，生活完全不是自己想象的样子。"为什么失败的总是我？"我们也许会问。如果我们不察觉这种想法，自怨自艾就会变成一种心态，从偶尔的闷闷不乐变成彻底的绝望与无助。我们的心灵会变得狭隘，只能感知到"我真可怜！"的信息，陷入自怜和无助的恶性循环。

如果发现自己处于这种糟糕的心理状态下，请停止思考不愉快的问题，尝试做点其他的事情，任何事情都可以！我建议父母尝试骑自行车，快步行走，或者想象去喜欢的地方旅行。我的学生凯特讲述了自己的亲身感受。

"那时候，我感觉自己像是一块旧抹布，不被人喜欢。"她说，"照顾三个孩子让我感觉身心俱疲，丈夫一天到晚忙于工作，到家时也筋疲力尽。这种家庭生活让我愤怒和忧郁，真是受够了！所以，我决定尝试课堂上大家讨论的方法：冥想。我闭上眼睛，第一个从头脑里冒出来的念头就是我需要掌声鼓励，于是我想象自己站在巨大的体育场里，周围全是人，他们鼓掌并高呼'凯特棒极了！'然后我也开始鼓掌，并想起了一首老歌——'2，4，6，8，我们喜欢谁？凯特！'我冲着厨房的墙壁大声地唱。

"我意识到我希望与丈夫更亲密一些，希望孩子们懂得我为他们所做的一切，希望引起家人的关注，所以我制作了大家最喜欢的甜点，放在橱柜上，并在甜点上挂了一个大牌子，上面写道：'凯特很棒！如果你也这么认为，就请给她一个大大的拥抱。'不用说，我得到了需要的拥抱。丈夫和我还计划下个周末把孩子们送到姑妈家，然后享受二人世界共度周末时光。我不敢说这个方法彻底改变了我的生活，但的确让我摆脱了自怨自艾的生活陷阱。"

　　这个方法不仅让凯特有所收获，也让她的孩子们学会了如何采取创造性的行动来解决问题。此外，她还拥有了和丈夫独处的时间。对夫妻来说，拥有生机勃勃的关系很重要，家庭中的每个人都能从夫妻之间对彼此的欣赏中获益。

案例 17　你比我童年时幸福得多

与其拿过去的自己向孩子讨爱，不如清楚、直接地传达想法

　　对于陷入自怨自艾思维模式的父母来说，最常见的就是将孩子的生活与自己的童年生活进行比较。

　　十一岁的朱蒂丝知道妈妈总是谈论这个话题，妈妈会谈论自己当年像朱蒂丝这个年纪时的生活，告诉朱蒂丝拥有的物质

生活是多么幸运，还批评她看不到父母因此付出的努力。这些谈话通常在车里进行，朱蒂丝真是无处可逃。

妈妈经常评论说："现在的孩子把什么都视为理所当然，比如上百美元一双的运动鞋。"

除了含糊地"嗯"应答，只能缩在座位上，朱蒂丝真不知道该说些什么，但妈妈的话匣子才刚刚开始。

"我想你从来没有意识到，在你这个年纪时，每周有三个晚上和星期六下午我都要替别人看孩子，我没有时间和朋友们出去玩。"

这时朱蒂丝翻了翻白眼，叹了口气，不耐烦地说："妈妈，我没有老是和朋友们跑出去玩，我有很多的作业要做。"她停顿了一下，"可能比你以前要多得多。"

这仿佛成了一场比谁最可怜的辩论赛，妈妈并不是有心要引起争辩，也不想表达自怜的情绪。她的初衷是要教育朱蒂丝珍惜和感激拥有的一切，但妈妈话语里隐含的意思就是"我没能拥有你那么好的优越条件，我感到忌妒和遗憾"，以及更微妙、更具破坏性的"你欠我的"。难怪每次妈妈开口说这些话时，朱蒂丝都会叹气。

直接表达我们需要对方的感谢，并没有什么错。当妈妈去学校接朱蒂丝时，可以简单地说："我很高兴来接你放学，如果你能向我说声'谢谢'，我会更高兴。"她不需要让自己陷入自怜中让孩子猜测她的需求。当然，我不能保证孩子们如何回应，但如果父母表达的信息清晰、直接，没有"自己童年的包袱"，我们更能从孩子那里获得想要的。

案例 18 肚子好疼呀！我不想去幼儿园

其实孩子只是想寻求父母的关心，找时间多陪伴他吧！

孩子非常擅长通过怜悯自己，唤起父母的同情，并得到父母的关注、拥抱和抚慰。

当妈妈正准备送四岁的特蕾西去幼儿园时，她可怜巴巴地捂着肚子呻吟着说："肚子好疼呀！我不想去幼儿园。"

想必所有的父母都遇到过这种情况：特蕾西是真的病了吗？她应该在家休息吗？她需要看医生吗？她不想去学校是不是想要逃避什么人或事呢？她是需要父母更多的关注吗？或者她只是需要一天假期安静地在家里和爸爸妈妈待在一起？

特蕾西的妈妈需要认真评估分析这种特殊情况，做出最合理的判断。最重要的是，不要让特蕾西认为表现出一副可怜的样子就能达到目的。

如果妈妈怀疑肚子痛是孩子不想去上学的借口，她可以问特蕾西一些问题，比如"如果你今天去上幼儿园，会发生什么糟糕的事情吗？""如果今天不去幼儿园，你想做什么呢？""你希望今天如何度过？"或"你觉得做些什么可以让你感觉好些呢？"

通过回答这些问题，妈妈可以帮助特蕾西明确自己真正需要什么，想要什么，而不是鼓励"自怨自艾"。这也能给妈妈打开一扇窗户，了解特蕾西的生活。有时候，孩子们假装生病是为了引起关注，那么我们需要问问自己，最近是否过于忙碌或心事重重呢？这时候，我们应该慢下来，多多思考，多陪陪孩子。

案例 19 当孩子说"我不行！"时

别附和孩子自怜的借口，以正向期待培养耐挫力与毅力

孩子们沉溺于自怜的另一种表达方式就是说："我不行！"这可能是孩子拒绝学习新技能的最佳借口。孩子对父母说："别指望我做到你想要我办到的事情，我没那个能力。"然而，孩子真正的意思可能是"我不想做"，甚至是"我不愿意做"。

如果父母接受孩子的这种说法，就相当于默认了孩子说自己没有能力。

父母当然不希望看到这场面。虽然很困难，有时候我们也要逼着孩子勇于面对挑战，不给孩子借口逃避，并坚持对孩子抱有积极乐观的期望。同时，我们还应该帮助孩子认识并承认

自己的不安全感。

八岁的本被数学作业题难住了。"我做不出来,"他抱怨道,"这些题目对我来说太难了。"

爸爸很认真地对待本的困难,但毫不理会他的自怜,而是鼓励本再试一试。"还记得去年你做数学题遇到困难的时候吗?"爸爸说,"你课后向老师请教,我们一起想办法,最后你不也把那些难题做出来了吗?现在你也一定能想出办法的,让我们再一起想想办法?"

当孩子遇到困难时,父母容易对孩子产生同情心,但这正是培养孩子毅力的好时机,同情怜悯孩子只会让他们陷入自怜中难以自拔。如果爸爸这样回答:"好吧,本,我知道这很难。别做了,咱们去睡觉!"这样做可能会让本认为自己的确不擅长数学。我们应该鼓励孩子发展自己的能力,帮助他们在不同的学科和活动中培养各项能力。尤其重要的是,父母不能认为自身不擅长的领域,孩子也不行,这会限制孩子能力的全面发展。

如果本的爸爸上学时数学成绩也不好,他可能就会降低对本的要求,但对孩子来说却是无益的。

在什么情况下,父母该提供帮助,什么情况下该忍住不插手,对于父母来说是个难题。有时候,父母的帮助反而会阻碍孩子的成长,因为在某些情况下,孩子需要自己独立完成任务，这样才能建立自信心。但在某些情况下，袖手旁观可能会对孩子造成伤害。当孩子陷入困境、不知所措时，父母应该介入，鼓励孩子重建自信心，而不是打击孩子的自信心。最好的办法就是在任务最开始时帮助孩子，然后逐步放手，鼓励孩子凭借自己的能力完成任务。

是否帮助、如何帮助、什么时候帮助、什么时候停止帮助，父母们在面对这些问题时应具体分析。孩子的需求和能力会随着年龄的变化而变化。同样的帮助，对三岁的孩子可能有益，对五岁的孩子可能就会阻碍其发展。父母必须学会适时介入，适时退出，自始至终对孩子抱有鼓励支持的态度。要让孩子明白：想要获得成功，面对困难迎难而上是必不可少的。对于孩子的学习成长过程，做到这一点非常重要。

案例 20 怜悯 VS 同理心的差别

协助孩子战胜自怜，转换成态度更积极的同理心

如果悲剧已经发生，那么同情也无济于事。因为同情是一种旁观者的心态，一方面为受害者感到难过，另一方面为自己幸免于难而感到庆幸，甚至有点优越感。共情让人们彼此靠近，设身处地地为他人着想。它包含同情心，并让我们自然而然地思考如何做才能帮助他人。

其实，坎坷有时能激发出人性中最美好的一面。不幸的人往往会产生令人惊叹的力量和勇气。例如，残疾儿童往往教会他们的父母如何勇敢地面对生活，比父母教给他们的还要多。即使身患绝症，孩子往往也能克服自怨自艾的情绪，虽然难免有时候感到沮丧，但绝不会永远消沉。

十岁的苏处于癌症晚期，五年级的她每天往返于学校的课堂与儿童癌症病房之间，一头长长的金发都掉光了，但她并没有自怨自艾或自我封闭。恰恰相反，在家人的鼓励帮助下，苏尽一切可能坚持过着与普通十岁孩子一样的生活，她在头上系了条围巾，坚持每天去学校，完成作业，和朋友们玩耍。当她有精力时，邀请班上所有的同学来家里举办派对，孩子们玩得很开心，苏也玩得很开心。

如果苏的同学们怜悯她，他们就不可能那么兴奋地玩"追人"游戏，同学们在玩游戏时完全没有把苏当作病人看待。

这并不是说同学们不知道苏的病情，或者对她缺乏同情心。事实上，班上的同学们和老师，还有他们的父母都讨论过此事，他们设身处地地考虑苏的感受，尽可能想要为苏做点什么。因为同学们已经开诚布公地讨论过苏的病情，大家能够理解癌症晚期意味着什么，所以同学们想要支持苏，就是和她一起玩，而不是把她区别对待，排除在外。

案例 21 那天晚上你想做什么

信任孩子内在的力量，让他从做决定中获得自信心

十岁的珍妮丝坐在沙发上，对身旁的妈妈抱怨道："梅丽莎家举办的派对，我是唯一没有被邀请的人。"

妈妈马上就明白了，她搂住珍妮丝的肩膀，问道："真的是唯一没有被邀请的人？"

"哦，"珍妮丝答道，"还有几个人。"

"那么，那天晚上你想做什么？"妈妈问道。

"我就待在家里，可能会有些不开心。"珍妮丝答道，她有点不高兴，又有些好奇地斜睨着妈妈，想看看妈妈的反应。

"这样也很好啊！"妈妈回答，完全没有掉进女儿设置的自我怜悯的陷阱。

"那我可不可以邀请其他没去的女孩来家里一起玩呢？"珍妮丝问道。

"听起来好像很有趣嘛！"妈妈回答，"你还可以烤你最喜欢的巧克力蛋糕。"

如果孩子向我们倾诉遇到的烦恼时，我们可以帮助孩子自己做出正确的选择。我们倾听孩子的感受，提出可行的建议，最好的做法是引导孩子自己想出解决方案，远离自怨自艾，教会孩子自我肯定。只有坚信孩子拥有无限的内在潜力，孩子才会更自信和自立，这比只是怜悯孩子要好得多！

chapter *05*

如果孩子生活在嘲讽中，
他们将学会畏缩

嘲讽他人是件很残忍的事情。"哦，没事吧，我只是在开玩笑。开个玩笑都不行吗？"以这种方式嘲讽他人，将嘲讽他人的行为合理化，将被嘲讽者置于左右为难的境地：如果被嘲讽者反抗，则会引发更多的嘲讽；如果不反抗，被嘲讽者的自尊心就会受到伤害。

被嘲讽的孩子往往感到不知所措，不知道该取悦对方，还是该想办法回避。这种混乱的心态导致心理矛盾冲突，让孩子处于左右为难的境地，就像开车同时踩下刹车和油门。处于这种矛盾冲突下，孩子可能会因此难以摆脱被嘲讽经历的影响，变得犹豫和畏缩，害怕引起别人的注意。

孩子因为害怕被人嘲讽而畏缩，与某些孩子天生安静的性格不同。性格安静的孩子需要更长的时间才能融入陌生的环境中，这是孩子天生的特点。但是为了避免被嘲讽而变得畏缩和沉默，孩子需要我们及时给予帮助。父母要做的就是倾听，了解情况，并帮助孩子找到处理类似情况的方法。

案例 22 他们为什么嘲笑我？

父母的鼓励能让孩子摆脱嘲笑、胆怯、孤立的恶性循环

嘲讽往往伴随着笑声，事实上，嘲讽可能会让欢笑声停止。健康纯洁的笑声能让人身心舒畅、感觉轻松，有助于维系友谊。然而嘲讽却意味着取笑他人，讥笑是建立在他人的痛苦之上。对孩子们来说，很难分辨出成年人发出的是开心的笑声还是嘲讽的讥笑。比如小丑走路撞到了墙上，我们会哈哈大笑。这时候，我们应该向孩子解释，喜剧表演和现实生活是不一样的，在现实生活中，当别人受伤或失败时，我们不应该嘲笑，而要尽力帮助他。否则，孩子可能无法理解嘲笑别人的痛苦是错误的行为，当众人对别人的困难痛苦幸灾乐祸时，孩子也会跟着幸灾乐祸。

十岁的斯科特在一次社区棒球比赛中遇到了类似的情况。斯科特并不擅长运动，轮到他击球时，另一队的孩子们开始呼喊他的名字，假装在为他加油："斯科特，斯科特，斯科特"，他们的声音越来越大。

一开始，斯科特很高兴，以为自己受到了关注，但当他一次又一次挥棒失败，他才意识到那些孩子们是在取笑他。斯科特先是茫然不知所措，接下来感到非常愤怒，他再一次挥棒，可是把球打出了边界。直到他的球队退场，奚落嘲笑的声音还没有消退。这时，斯科特气得满脸通红，觉得很丢脸。他不知

道是该中途退赛还是不理睬那些孩子继续比赛。

嘲讽的讥笑中带着轻蔑。无论是多大年龄的孩子，都会对此感到困惑。其实一开始斯科特根本没有意识到那群孩子在嘲笑自己，他只是想参加比赛和大家一起玩。当他意识到自己被嘲笑时，感到非常尴尬。这种嘲讽的意味太过微妙，斯科特开始无法理解，所以感到困惑，不知道该如何回应。

如果经常遭受这种嘲讽，斯科特就容易变得胆怯、畏缩，不愿意参加社区活动。即使是单纯害怕被嘲笑的心理，也足以让一些孩子躲在人群后，并养成不善言谈或畏缩的习惯。当孩子变得过于畏缩时，就会陷入极具破坏性的恶性循环。其他的孩子感觉到这个孩子软弱，可能会更欺负他，把他当作取笑对象。对这个孩子来说，这无疑是非常痛苦的事，而且要为融入群体付出高昂的代价。所以，有时候孩子似乎只能选择孤立和自闭。

被嘲讽的孩子一般不会把这种遭遇告诉父母，他们可能觉得太丢脸或不好意思，或者认为父母也帮不上忙。父母在这件事情上的确帮不上什么忙，父母的干预可能会让事情变得更糟。但我们可以鼓励孩子努力克服自卑，击败嘲讽，找到真正的朋友。

另外，如果孩子嘲笑他人，父母也要有所察觉。父母要做一个正直的人，承认自己的孩子也有残忍的一面，并不是件容易做到的事情。如果只是简单地告诫"不要那样说"或"这样做太不礼貌了",并不能让孩子明白。下一次,孩子可能就会小心提防,不再让我们听到那些不友善的言论。为了让孩子对他人更富有同理心,我们可以这么说:"想象一下,如果别人也那么说你,你会有什么感受?"或者"你这么说,你看到他脸上的表情了吗?我想知道他是什么感觉。"如果父母总是和孩子站在一起,让孩子明白:"我和你在一起,我能理解你。"那么,孩子就能学会体谅他人,并对他人友善。如果孩子在自己的生活中体验过同理心,就更容易理解他人的需求,更友善地对待他人。

案例 23 当孩子遭受嘲讽时

读懂孩子的反常行为,先和他讨论他的真实想法后才开始想办法

我们无法控制其他孩子对待自己孩子的方式,但我们可以通过其他方式来帮助孩子。如果孩子突然变得孤僻、异常害羞或缺乏安全感,父母可以猜测孩子遭受了嘲讽。如果其他孩子骂他、侮辱或威胁他,你要认真慎重对待。如果父母说"没关系""算了吧""他们不是故意的"这类安慰的话,对孩子来说毫无意义。父母首先要做的就是倾听,并鼓励孩子说出受到的

伤害和他的困惑。如果孩子在小学低年级，父母需要和老师交流一下，寻求老师的帮助。与老师交流的目的不是让老师批评那些孩子，也不是为了给孩子寻求保护，而是要组建一个帮助孩子的团队。

九岁的克莱尔上四年级了，班上有一群女孩总是孤立、嘲讽她。老师发现克莱尔变得自卑内向，并受到更严重的嘲讽。克莱尔每天晚上睡觉的时候都会哭，早上她不愿意去上学，妈妈给老师打了电话。于是，克莱尔的父母和老师见了面，讨论如何帮助克莱尔解决目前的困境。

父母和老师一起制订了合作计划。在学校，每当那群嘲讽克莱尔的女孩靠近她，老师都会不动声色地引导克莱尔离开她们，让她加入另一群更包容的孩子中。在家里，克莱尔的父母会告诉她真正的朋友应该如何对待彼此，并教她如何结交新朋友。在父母和老师的帮助下，克莱尔学会了如何辨别真诚相待的朋友，也学会了如何应对其他孩子的不友善。

案例 24 当我们对他人冷嘲热讽时

别做出让孩子误以为批评别人是没关系的事

有时候，我们也会无意中嘲笑他人。我们可能会对他人冷嘲热讽，也可能会拿朋友的窘事开玩笑。我们可能根本不会认为自己有什么过错，因为冷嘲热讽的对象都是些陌生人或不在场的人。但请你注意，孩子就在旁边，由于父母的这种做法，孩子会觉得说别人的坏话没什么大不了。

我认识的一位妈妈给我讲了一件事。

"附近购物中心，经常有一位年轻的女子站在街角，向来来往往的车辆挥手，总是又唱又笑。一天，我从购物中心里出来，正好那个年轻女子也在那里。前面的女士对她七岁的女儿说：'那个疯女人又来了。'

"'妈妈，这样说不太好吧！'女儿一脸不高兴地说，'如果别人叫你疯女人，你会怎么想？'

"经过她们身边的时候，我高声说道：'我叫她快乐女士。'女儿听到后心情舒缓了很多。

"女孩的妈妈笑了笑，说：'我想她看上去确实很高兴。'"

有时，孩子就是我们的老师。

案例 25 当家人取笑孩子时

即使是自己的孩子也不能戏弄嘲笑，否则伤害的是彼此的情感

父母有时会不经意间取笑孩子，以为这样能锻炼孩子的心理承受能力。事实上，嘲讽并不能培养孩子坚强的性格。孩

子为了自我保护，装作满不在乎，但这无法让孩子真的变得"坚强"。

十二岁的皮特加入了当地的足球队，他们即将迎来冠军争夺赛季。皮特的爸爸在年少时是出名的足球运动员。爸爸认为皮特在球场上的表现不够积极主动，总想激励他。然而，皮特却认为爸爸在训练时老是当着队友们的面，对他冷嘲热讽，让他十分难堪。

"你在外场磨蹭做什么？等着上茶呀？快进内场，去追球呀！"爸爸在球场外大喊道。皮特点了点头，愤怒地跑回赛场，气得咬牙切齿，根本无法专心比赛。

皮特的爸爸这么做可能是出于好意，但他根本没有意识到自己的言行对于儿子是多么残忍。也许当年自己踢球时也被人这样说过，自己只是无意识地重复罢了。遗憾的是，他这么做不仅无法帮助皮特，反而伤害了亲子关系。

还有一种嘲讽常出现在兄弟姐妹之间。兄弟姐妹通过讽刺、辱骂和其他残酷的方式来刺痛对方的心灵。兄弟姐妹们之间对彼此的弱点了如指掌，他们的嘲讽可能更伤人。

吉尔知道弟弟很想和邻居家新来的男孩交朋友。两个男孩都有滑板，年龄相仿。所以每当她看到弟弟和那个男孩一起出去玩，她就会骑自行车从旁边经过，大喊道："嗨，尿床的家伙，你昨晚尿在床上了吗？"

这可不是什么无伤大雅的玩笑，这种嘲讽相当残忍。如果每天遭到家人的冷嘲热讽，孩子的心理很受伤，容易变得犹豫不决、畏缩。父母应该了解兄弟姐妹之间的相处情况，特别是当父母不在场的时候。一旦出现糟糕的情况，父母应及时介入并明确规定"正确"和"错误"的言行界限，保证每个孩子在家中感到安全和舒适。

我们无法永远保护孩子，却可以让家成为孩子心灵的安全港湾

任何人都有可能成为别人取笑的对象，父母也没有办法保护孩子在童年时代不遭受任何嘲弄。但是，如果父母把家变成孩子心灵可依靠、安全的避风港，那么孩子在家里就可以无忧无虑，做最真实的自己。另外，如果父母承认自己有缺点，也会犯错误，并且知错就改，努力提升自我，就能为孩子的成长创造更温暖、更宽松的环境。孩子通过父母学习到，即使犯了错，也不是世界末日。大人也在不断学习，甚至也会自嘲。只有当家庭成员在一起开怀大笑，而不是相互嘲讽时，胆怯和懦弱就会消失。

chapter 06

如果孩子生活在忌妒中，
他们将学会妒忌

忌妒一词源于莎士比亚的典故——忌妒是一只绿眼睛的怪物。绿眼怪物有一双绿色的眼睛，那就是忌妒的真实流露。忌妒源于我们看待事物的方式，我们认为邻居家的草坪更好，汽车更豪华，房子更美。当然，我们也可以欣赏和享受我们自己的草坪、汽车、房子。

在生活中，总有人比我们拥有更多的东西，也有人不如我们，如何看待这个问题，取决于我们自己。如果我们不知足，总是和那些拥有更多的人做比较，忌妒他人拥有的，孩子可能就会跟我们一样，陷入忌妒和失望的生活中。我们要驯服自己内心的绿眼怪物，教孩子学会享受自己拥有的，而不要为未拥有的东西而感到痛苦。

案例 26 当父母忌妒他人时

我们可以选择看待事情的态度：是欣赏、钦佩，还是忌妒

在评价某人和某物时，关注差异和进行比较是正常的，这也是我们生活中的一部分。对孩子们来说，学会发现差异是培养批判性思维能力的第一步。但这种比较思维，却让我们陷入了羡慕忌妒的消极情绪中。

孩子们正在院子里玩耍，妈妈正在花园里干活时，爸爸开着一辆崭新的小汽车进来。妈妈很高兴，因为爸爸买的新车是她喜欢的颜色，孩子们也很兴奋，这可是他们家第一辆新车，真是件令人高兴的事情，爸爸为此非常骄傲。

家里的每个人都很爱惜这辆新车。整个夏天的周末，孩子们会帮忙洗车，当孩子们坐在车上时都非常小心，不让鞋底弄脏汽车内饰，也不会在车上吃东西。

可是，到了秋天的时候，邻居家也买了一辆新车，价格更便宜，装饰也更精致。当爸爸听到这个消息时，感到很不开心。"也许我本该选择那种款式，"他说，"要是我能再等几个月，就更加划算了。"

妈妈宽慰道："没关系的！对我们来说，我们家的车就是最好的。"

可是爸爸认为妈妈不懂汽车知识，并没有从她的话中得到安慰。孩子们不知道家里那辆新车出现了什么问题，但肯定感觉到爸爸态度发生了转变。孩子们发现，每当邻居倒车驶向车道时，爸爸就用羡慕的眼光盯着那辆车。尽管不太明白其中的原委，孩子们也知道爸爸十分忌妒邻居家的新车。更可悲的是，爸爸的情绪具有传染性，孩子们也觉得自家这辆车没有什么特别的，开始坐在后座上吃零食，面包屑掉在车厢内的地板上。过了一段时间，这辆车看起来确实没那么特别了。

爸爸的态度不仅破坏了自己的幸福感，也降低了家人的幸福感。爸爸对他人的忌妒态度向孩子们传递了一个信息：一个人的价值取决于他拥有的物质。父母不应该将这种错误的观念传递给孩子。

其实，与人比较并不是总让人心生忌妒，也能让人产生欣赏和钦佩之情。如果爸爸客观看待邻居买车的好运，他可能会钦佩邻居讨价还价的能力，欣赏邻居的车，同时仍旧喜欢自己家的车。

有时候，让人妒火中烧的不是物质财富，而是别人家的孩子。尤其当父母把孩子看作自己生命的延续，并认为孩子的成就是自身价值的体现，就容易产生忌妒情绪。把孩子视为自己的"物品"，没有边界感的父母们会把孩子之间的比较演变为病态的竞争。谁家的孩子学会了走路，谁家的孩子入选了足球队，谁家的孩子比赛获奖了，谁家的孩子长得好看，谁家的孩子拥有更多的朋友，谁家的孩子考上了常春藤名校……诸如此类的事情，都能让父母们抓狂。

一位年轻的妈妈告诉我："我记得有一次，听到一个很小的孩子在朗读一本复杂的故事书，而那时我的女儿对简单的图画故事都不感兴趣，我的心中充满了羡慕和忌妒。当时我就想，要是女儿像这个孩子一样流利地朗读该多好啊！同时又特别希望这个看起来只有四岁多、天真无邪的孩子在朗读时被某个复杂的单词给难住，读不出来该多好啊！这时，我看到自己心中的忌妒之火在熊熊燃烧，太可怕了！"

总有孩子比我们的孩子更优秀、跑得更快、更聪明、更有魅力。我们可以换个角度思考，选择用另一种眼光来看待。与其盯着孩子不擅长的方面，还不如关注他们的长处。如此一来，我们就能欣赏每个孩子的特别之处。此外，我们还必须意识到，孩子的成功和失败都属于他们自己，不属于父母。我们爱自己的孩子，当孩子成功时我们感到高兴，当孩子失败时我们感到痛苦，这是人之常情。但是，父母必须清楚，对孩子的希望和期待应该符合孩子的个性特点和能力，而不是让孩子来实现父母未实现的愿望。

案例 27 希望你像姐姐一样优秀

听懂并回应孩子的内心话——想要平等的爱

为了赢得父母的关注和表扬，兄弟姐妹之间会产生竞争心理。如果父母总是拿兄弟姐妹进行比较，甚至偏爱某个孩子，则会让竞争更加激烈，甚至使兄弟姐妹在日后的生活中无法和睦相处。

妈妈想要鼓励七岁的莎伦，说："我希望你在书写方面更加努力，如果努力练习，你就能像姐姐一样写出漂亮的字。"

莎伦看着餐桌对面正在安静做作业的姐姐。与十岁的姐姐相比较，老师、同学甚至妈妈都更喜欢姐姐，莎伦不知道是该讨厌姐姐还是恨自己。

"我什么都做不好，写字很难看，我讨厌写字！"莎伦终于爆发了，跑到楼上自己的房间里大哭起来。

当孩子对我们说的话做出消极反应时，我们应该反省一下自己。但是，妈妈的第一反应是对莎伦感到不满，责怪她为什么不能好好努力。如果妈妈能冷静下来，花点时间换位思考，就会意识到这是一个不公平的比较，激发了莎伦对姐姐的忌妒。妈妈应该理解莎伦的感受并向她真诚道歉。如果父母愿意承认错误，孩子一定会原谅父母。还有一点至关重要，妈妈应该告诉莎伦，从现在开始，她不会再拿莎伦和他人做比较，只要她和自己比就足够了。

事实上，即便父母时刻留意自己的一言一行，孩子之间的竞争也无法避免。其实大多数兄弟姐妹的忌妒非常简单。妈妈正在给孩子们切蛋糕，五岁的双胞胎琳达和加里在一旁认真地看着，如果感觉不公平，两人随时准备提出抗议。要想把蛋糕切得完全一模一样真是太困难了，总会有一边稍大点或者一边奶油多点。但是父母尽力而为的态度很重要。孩子们总是为一点鸡毛蒜皮的小事争吵，父母们也许会觉得好笑。但孩子的童年就是由这些点点滴滴的小事构成的，孩子们总会觉得，"妈妈总是更爱你"。

请认真对待孩子的忌妒情绪，只要有可能，尽可能消除孩子的忌妒感。对孩子们来说，蛋糕代表着父母的爱和关心，孩子们表面上希望蛋糕分得平均，实际上是在表达对父母同等爱的需求。与其让他们感觉自己的要求很荒唐，还不如慷慨地回应孩子的需求，让他们学会平等待人。

案例 28 我也想要那件物品

协助孩子分辨模范与模仿，学会从宏观的角度看待事物

"苏珊娜都染了头发，为什么我不可以？"
"但是米奇得到了一双新的运动鞋……"
"其他人都打耳洞了，我也想。"

不管多大，孩子都会羡慕别人，希望自己拥有别人所拥有的东西——衣服、朋友、成绩、汽车、卷发、直发。孩子们认为如果拥有和别人相同的东西，就会变成自己仰慕之人的样子。"穿上那套衣服，我就能像萨曼莎一样受欢迎"或者"要是我穿上新的篮球鞋，打篮球的能力就像杰森一样好"。

孩子很容易将技能、财产和幸福混为一谈。孩子认为需要拥有某些物质让自己变得更受欢迎或更健壮，并相信拥有某种物质能让自己感觉良好。然而，这种生活方式只会让人迷失自我。

在青春期或十几岁的时候，孩子更关注同龄人，而不是父母，可能狂热地渴望得到某种物品。正是这个时期，孩子开始形成抽象思维和哲学思维，并定义自己在世界上的位置。这个过程可能有点令人沮丧，至少可以说，置身于"群体"中能让青少年逃避困惑。所以，融入集体对青少年来说更重要。

我们应该让孩子明白，自己与他人存在差异是正常的事情，是非常有必要的。我们希望孩子对自己有足够的信心，没有必要去模仿其他孩子，或者为了所谓的归属感而渴望拥有某些东西。一个自我意识较强的青少年不需要模仿他人。

但这并非意味孩子不能受到朋友的影响。孩子以自己钦佩的朋友为榜样，与简单地模仿是两码事。对朋友的钦佩之情能够引导孩子设定目标，实现自己原本没做过的事情。即使没能实现自己的目标，也能够欣赏和钦佩他人的孩子，拥有更广阔的眼界。

嘉莉一直希望自己能够当上高中田径队的队长，可是她说："卡门当上了队长，我有点失望，但是我相信她能做得很好。看来我们队今年真的很强，很有可能夺冠。"

在自我探索的过程中，孩子需要父母的帮助。当孩子进入危机四伏的青春期时，父母的及时陪伴非常重要。父母可以帮助青少年发现自己的优点和特长，并学会表达自己。最好的方法就是倾听，什么时间都可以，也许是开车的时候，也许是睡觉之前，也许是一起做饼干或者在院子里干活的时候。这些时刻往往不是被提前安排和计划的，这种美好的亲子时光是可遇而不可求的。

当孩子向我们表达自己的想法和感受时，父母要做的就是倾听，以一种善解人意的方式倾听，在尊重孩子独立性的同时，向他们提出我们的观点和意见。当孩子敞开心扉时，我们需要认真地倾听，然后分享我们的观点，而不是简单地告诉孩子该怎么做。我们应该鼓励他们独立思考，而不是顺从父母。

珍视孩子，珍视我们自己
欣赏自己的特别之处，活出美好的人生

作为父母，我们可以选择如何看待自己的孩子，有责任发现和欣赏每个孩子的独特之处。当我们欣赏孩子时，孩子就学会了自我肯定。通过关注和倾听孩子的愿望、担忧、梦想、玩笑，让孩子知道父母非常珍视自己、疼爱自己，欣赏自己独特的个性，不希望他们变成其他人。

当孩子感受到父母接纳自己，包括接纳自己所有的独特品质、弱点及长处，我们就是在帮助孩子学会接纳自己。首先，让我们与自己和解，承认并接受自己的不完美！这样做的理由是：通过以身作则，父母能帮助孩子学会接纳自己，并发挥出最大的潜能。

chapter 07

如果孩子生活在羞辱中，他们将学会自责

父母都希望孩子明辨是非。如果孩子跟父母相处，他们将无时无刻不在学习这种能力。一开始，我们教育孩子：不应该拿别人的玩具；从商店里拿口香糖必须先付钱；欺骗是错误的，也是不公平的行为。随着孩子年龄的增长，我们引导孩子理解和思考更复杂的道德问题：是否应该说谎，得知朋友做了错事该怎么办等。培养孩子建立内在的道德观是一个漫长过程，作为父母，我们能做的是为孩子建立个好的开始。

如何帮助孩子明辨是非呢？父母应该以身作则，教孩子礼貌善良。但如果事与愿违，我们该如何应对呢？当孩子明知故犯，我们该怎么办？当孩子伤害他人或故意毁坏财产时，我们该怎么办？必须让孩子知道，我们不会对这些伤害他人或破坏东西的行为置之不理。

我们要让孩子明白自己错在哪里，为自己做错的事情感到羞愧，为自己的错误行为感到后悔，以及为他们的错误行为承担后果，这样孩子才能从中吸取教训。

然而，我们不希望孩子总是生活在羞耻感和愧疚感中。责备和羞辱孩子会令他们感觉自己很糟糕，以至于自信心备受打击甚至自暴自弃。所以，父母不应过度使用责骂的方式来控制孩子。孩子只能从支持和鼓励中获得成长，而不是惩罚。

幸运的是，大多数的孩子都不会故意伤害别人或破坏东西，通常是孩子无意、思考不周的错误行为。比如孩子从同伴手中抢夺玩具，把厨房弄得乱七八糟；或者未经同意就取走他人的东西。这类事情发生时，作为父母，我们该做的是帮助孩子分析为什么会犯错，并指出该如何为自己的错误行为负责，以及下次如何采取正确的做法。

案例 29 我刚刚发现钱包中的硬币不见了

与其斥骂，不如先听孩子解释，再模拟下次该怎么办

当孩子犯错，比如偷窃、说谎、欺骗时，我们的第一反应可能是愤怒，接下来可能会想到最糟糕的一面。这时，最重要的就是先相信孩子是无辜的，因为他们可能并不能完全理解自己触犯的道德准则。不要急于痛斥或责骂孩子，父母应该把这个事件视为孩子学习成长的机会。

父母不应该断然地下结论，而是先听听孩子解释为什么这样做，引导孩子形成正确的道德观，并且确保不会伤害孩子的自我价值感。

妈妈发现钱包打开着，所有的零钱都不见了。家里只有她和七岁的女儿梅丽莎。妈妈走进梅丽莎的房间，直接说："我发

现钱包里的零钱都不见了。"

梅丽莎正忙着和她的洋娃娃玩过家家,抬起头来。

妈妈继续说:"我的钱包是打开着的。一般我都会把它合上,发生了什么事情呢?"

梅丽莎解释道:"噢!冰激凌车刚来了,我需要钱买冰激凌,可是你正忙着打电话,所以我就拿了钱。可是我不会拉紧钱包的拉链,真抱歉!"

妈妈听了不禁想笑,但她仍保持严肃的表情。虽然梅丽莎道歉了,但她不明白真正错在哪里。妈妈坐在梅丽莎旁边,温和且坚定地说:"钱包和钱都是妈妈的私人物品。妈妈不会从你那儿拿你的东西,你也不应该擅自拿妈妈的东西。"

如果是第一次发生这样的事情,妈妈可以和梅丽莎商量,从梅丽莎的零花钱里扣除她拿的钱;如果是第二次,可能会惩罚梅丽莎少看一集她最喜欢的电视节目(如果偷偷拿钱成了一种习惯,那么妈妈需要采取更严厉的措施,甚至寻求专业人士的帮助,找出梅丽莎偷拿钱的根源)。

妈妈并没有因为梅丽莎拿钱而羞辱孩子,但妈妈明确向梅丽莎表示,她偷偷拿钱的行为是错误的,是不可接受的。梅丽莎可能会为自己的行为感到内疚,但她不会因此觉得自己是个坏孩子。

妈妈还可以告诉梅丽莎下次遇到类似情况如何更好地处理："我知道你想要钱买冰激凌，而我又很忙。但你不可以不打招呼就拿我的钱。下次你会怎么办呢？"

梅丽莎认真地想了想，然后说："我本应该等等，但是冰激凌车很快就会开走呀！"她停顿了一下，接着说，"我想我原本应该从我自己的存钱罐里拿钱的。"

"是的，你原本可以那么做呀！"妈妈表示同意。

"我原本也可以写张条子给你看，让你在打电话的时候看。"

"这样也行。"

"我原本也可以不买冰激凌的。"梅丽莎淡淡地说，语气中带着一丝犹豫。

"那倒不必。"妈妈笑了，拥抱了一下梅丽莎，"但是下次你需要钱必须先问我，好吗？"

妈妈的引导式提问给梅丽莎上了宝贵的一课，让她对自己的行为进行反思，教会她如何用能被接受的方式满足自己对冰激凌的愿望。这些提问不会让梅丽莎感到羞耻或内疚，让她对自己产生不好的感觉。相反，当梅丽莎能为自己的行为承担更多的责任时，反而变得更自信。

案例 30 房间像猪窝一样！真丢人！

明确表达对孩子不赞同的地方，而不是情绪化地羞辱他

朱莉的房间乱得一塌糊涂，妈妈已经忍无可忍了。所以，妈妈故意用令这个十一岁孩子感到羞辱的方式说："你是怎么回事？房间像猪窝一样！真丢人！"

朱莉顿时垂头丧气，她回到自己的房间，说："哦，好吧！"然后她整理了自己的房间。

即使朱莉做了妈妈想让她做的事，她也会觉得自己不够好。用责骂羞辱的方式来管理孩子的行为，只会让孩子感到自我羞愧。这种做法不能让孩子的行为发生彻底的改变，只会让孩子暂时"听话"来讨父母欢心。

朱莉的妈妈需要记住：杂乱的是房间，而不是女儿。一句清晰明确的话："我想要你马上打扫你的房间。"既表达了妈妈的不满和需求，又保护了朱莉的自尊。

妈妈还可以补充道："这个房间简直就是灾区，我待不下去了。"这句话清楚地表明，让妈妈心情烦躁的是房间，而不是孩子。

案例 31 如果我是你，真觉得太丢脸啦！

别不耐烦，接纳孩子的感觉，才能协助他排解并面对负面情绪

作为成年人，我们可能很难记得自己的童年是什么样子。有时候，当孩子不高兴或发脾气时，在我们看来，他们就是不懂事或蛮不讲理。我们必须记住，孩子正在学习表达自己的情绪，但他们还不知道如何控制和辨别自己的情绪。不管孩子的情绪是否合理，我们都应该鼓励他们大胆地表达自己的情绪和感受。

五岁的唐尼是一个活泼聪明的小孩，他非常害怕打雷和闪电，而当地经常出现剧烈的雷雨天气。每当暴风雨来临，唐尼的恐惧感就会加剧。起初，他会说："我害怕！雷声听起来很近，我们会被闪电击中吗？"然后，他开始呜咽，接着就升级为哭喊和尖叫，严重时他会寻找躲藏之处。

唐尼的爸爸无法接受儿子害怕雷电，还需要安慰和保护的事实。一开始，他试图安慰唐尼想让他冷静下来。"其实没什么好害怕的。"爸爸说，"你不用担心，在家里闪电根本伤害不到你。"

如果说一次不管用，爸爸就会重复类似的话，声音也越来越大，语气越来越不耐烦。

结果事情就变得更糟糕：唐尼更加害怕，而爸爸则更恼怒。终于到了忍无可忍的地步，爸爸吼了出来："如果我是你，真觉得太丢脸啦！你到底是怎么回事？"此时此刻，唐尼的爸爸不仅没有帮助唐尼减少恐惧感，相反，他还让儿子觉得感到恐惧是羞耻的。

如果唐尼的爸爸能够接受孩子的恐惧，就能采取更好的方式处理。他可以把儿子抱在怀里，说："嘿，你想对雷先生和电先生说些什么呢？"这种类似鼓励性的话语能让唐尼清晰勇敢地表达自己的恐惧，而不是夸大恐惧。唐尼甚至会发现，通过对着雷声大喊"走开"，可以克服自己的恐惧感。

面对孩子的错误和恐惧，父母应宽容地接受并帮助孩子勇敢面对，让孩子在成长过程中自我感觉良好，而不是感到羞愧。无论孩子的情绪在我们看来多么离谱，每个孩子都有表达自己感受和满足自己情感需求的基本权利。随着孩子一天天长大，通过向他人表达感谢和尊重他人感受的方式，孩子学会成熟地表达情绪。但是，在孩子的心智还未成熟时，让他蒙受羞耻进而掩饰自己的真实情感，对孩子的成长无益。所以，允许孩子表达真实感受是解决问题的第一步。

当父母接纳孩子最真实的感受时，就能够帮助孩子释放消极情绪，勇往直前，健康成长。

案例

32 对不起，妈妈，我正在打扫呢

接受孩子弥补错误的态度，即使他做得还不够好

通过实验和游戏的经历，年龄小的孩子可以学到很多关于因果关系的知识。一个蹒跚学步的孩子正在做实验，他把勺子从椅子上丢到地上。对他来说，这个游戏非常有趣，尤其是当妈妈或爸爸每次把勺子捡回来，接着他再次把勺子丢到地上。他很喜欢自己在因果游戏中的角色，当捡勺子的人拒绝捡起勺子，打破这个因果循环时，他才会停止。

随着孩子逐渐长大成熟，他们了解一些更加微妙能引发结果的事情，同时他们也会学习辨别这些事情如何影响他人。这种情况表明，随着孩子们更多地参与到家庭生活中，他们的责任意识和承担责任的能力自然而然地增强。孩子们不需要为了关心事物的发展或想要做出补偿而感到羞愧。即使是小孩子也常常会自发地表达一种想要帮助把事情做好的愿望。幸运的是，大多数孩子总是想让父母感到高兴。

六岁的比利正从冰箱里拿橘子汁，他的小手没拿住果汁盒，掉到地上，橘子汁溅得满地都是。八个月大的妹妹坐在高高的儿童椅上看到这"精彩"的一幕，觉得好玩极了，兴奋地拍起手来。相比之下，比利成熟多了，他意识到自己闯了祸，惹了麻烦，于是从厨房抓起一条毛巾，把毛巾盖在橘子汁上，

在地板上拖来拖去。比利原本是想让毛巾吸收橘子汁,但他不知道要把毛巾拧干才能吸收得更快。结果,在妈妈看来,比利是在玩地板上的橘子汁。

比利抬头看着妈妈,他的手和膝盖都沾着橘子汁。"对不起,妈妈!"他说,"我正在打扫呢。"

在开口说话前,比利的妈妈深吸了一口气,她看到比利正在尽力把橘子汁拖干净。"让我来帮你吧!"她说,"你开了个好头,如果用海绵和水桶一起清洁,效果会更好。"

关注并表扬孩子为了补救自己的过失所做的努力是至关重要的。父母应该认可并鼓励孩子正在萌芽的责任心,而不能因为他们的过失惩罚他们。比利认识到自己的错误,道了歉,并且尽最大的努力弥补错误。尽管他的行为效果不佳,但努力的方向是正确的。比利的妈妈接受了孩子的道歉,认可比利为改正错误付出的努力。正因为如此,比利和妈妈才避免了一场不愉快的事件,母子俩一起把厨房清理干净,增进了彼此间的亲子感情。

我们还应该让孩子了解责任具有双面性。孩子在做错事时,我们希望他们能主动承担责任;当孩子表现出色时,也应该得到肯定。这将使孩子从自己的成就中获得力量和自信,并取得更大的进步。

案例 33 真的很抱歉！我不是有意的

感同身受、避免再犯，才是负责任、真诚的道歉态度

如果孩子伤害他人或者损坏某物品时，真诚的道歉能够安慰受害者。

在一场令人兴奋的躲避球比赛中，十二岁的安德鲁非常用力地扔球，没想到球打在一位女同学身上，他立即跑到那位同学的身边。

"你还好吗？"安德鲁问道，"真的很抱歉！我不是有意砸到你的。我陪你去医务室，好吗？"他为自己的过失承担了责任，由于给女孩造成了痛苦，他真诚地感到抱歉，并帮助她解决问题。

而有一些孩子则把道歉当作魔法棒，认为一句简单的道歉就能抹掉自己所有的过错。这些孩子可能一点儿都不感觉内疚或羞耻，认为道歉能消除自己的错误行为，反而变本加厉，甚至认为道歉是获得他人宽恕的一条捷径。他们认为任何道歉都应该换来"哦！没关系，我理解！"

一个九岁的男孩想出一个道歉方法。他提前写好签名的纸条，上面写着"对不起"。然后，每当他在教室或操场上惹麻烦时，他就会向被冒犯者递上一张通用的道歉条。如果孩子的道歉是漫不经心的，甚至是轻率的，我们就应该让孩子知道这种道歉是行不通的。

我们希望孩子认识到，自己的冒失行为会影响他人，当孩子做出伤害或冒犯他人的事情时，不管是有意还是无意，重要的是让孩子了解受害者的感受，认识到自己给他人造成的痛苦。这会让孩子发自内心地道歉，希望改正自己的错误，而不是漫不经心地说声"对不起"。真诚地道歉包括承担责任和真心的道歉，以及想让事情在未来变得更好。

父母应耐心地倾听孩子的心声，帮助孩子培养同理心。当孩子的感受被父母理解时，他更容易理解其他人的感受。

四岁的山姆骑着三轮车撞倒了哥哥凯西精心搭建的积木塔。

爸爸把山姆从积木堆中拉出来，让他独自平静了一会儿，然后坐到山姆身边，问他为什么要破坏凯西的积木塔。

山姆说哥哥不愿意和他一起玩，自己感到很沮丧。

"你觉得凯西的积木被破坏了，凯西的心里是什么感受？"爸爸问。

"他一定很伤心难过，会很生气。"山姆说。

爸爸接着问山姆："你想要和哥哥一起玩，可是撞倒了他的积木塔，他还愿意和你玩吗？"山姆承认："肯定不会啦！"山姆接着和爸爸一起讨论如何让凯西和自己一起玩的方法。爸爸还要山姆思考，如何弥补自己的过失，山姆说他会和哥哥说"对不起"，帮助哥哥重新搭建积木。

于是，山姆向凯西道歉，凯西勉强接受了。果不其然，凯西拒绝了弟弟想要帮忙重新搭建积木的建议，但他明白弟弟想要对自己做出补偿的心意，并原谅了弟弟。

鼓励与引导永远比羞辱责骂来得有效
耐心等待孩子承认错误，并学会建立责任感

想要孩子在世界中避免错误的行为，我们需要为他们提供足够的安全感和正确的引导。在这个过程中，父母必须谨记：责骂孩子，使其产生羞耻感和内疚感是过于偏激的方式，应该谨慎使用。同时，父母还要记住：责骂孩子很可能达不到想要的目的和效果，父母观察孩子在过失中扮演的角色，并要求孩子对自己的行为负责，这样往往能起到良好的教育作用。

父母给予孩子足够多的积极的尊重和鼓励，孩子就会明白应该为自己的行为负责，就会更富有责任感。当孩子看到自己所做的事和发生的事之间的联系，就想要把事做好。

预见未来和评估结果的能力需要时间来培养，这个过程可能需要所有家庭成员耐心等待。随着孩子逐渐长大，他们会遵循自己内心的是非观念，也会懂得有时候事情出了差错，是因为自己的不当行为造成的。这样孩子更能尊重他人的感受，为自己的过失或对他人的冒犯真诚地道歉，并因此得到他人的原谅，从而形成良性循环。这个过程通过孩子发自内心的自我学习反思完成，而不是通过羞愧感和内疚感。

chapter 08

如果孩子生活在鼓励中，他们将学会自信

"鼓励"这个词的最初含义是"给予勇气和真心"。当父母鼓励孩子,就是把自己勇敢的心交到孩子的心中。父母的责任就是帮助和支持孩子,同时培养孩子自立所需的技能和信心。这也是一项不容易把握的任务:判断什么时候该介入、什么时候该退出、什么时候该表扬、什么时候该给予建设性的批评……这简直就是一门艺术,远远超出了科学范畴。

孩子需要父母的支持,同时孩子在努力发展自我和提升技能的时候,需要父母对他们的进步做出实事求是的评价。进步时,孩子需要父母的鼓励和支持;退步时,更需要父母在身边陪伴支持。孩子需要父母鼓励其挑战自我,开阔眼界,激励他们超越自我。与此同时,父母要让孩子确信:即使自己挑战失败了,父母也会永远和他们在一起。

为了实现这一目标,我们需要密切关注每个孩子的独特需求、才能和愿望。

比如这个孩子是如何处理令人沮丧的事情;他对目标的追求能持续多久;哪个孩子需要更多的帮助和指导;哪个孩子能更好地独立完成任务……关键在于,只有认识孩子的个体差异,才能在孩子努力实现目标时给予有效、具体的指导。

案例 34 当孩子因为没有完成目标而难过时

先肯定孩子做到的，陪他再次挑战时采取更好的做法

如果孩子工作完成得出色，当然值得表扬，对于孩子朝着好的方向迈出的小小进步，父母应及时察觉，并给予肯定和表扬。父母希望三岁的萨曼莎对弟弟好点，比如当萨曼莎心情好时会温柔地拍拍弟弟的小手，在车上时萨曼莎会逗弟弟开心地笑。每当这些时刻，父母都注意到萨曼莎的这些举动。"看呀，你让弟弟多开心啊！"当父母注意到萨曼莎对弟弟的友善，萨曼莎也很高兴，甚至感到自豪！

我们有很多方法可以帮助孩子实现目标。有时候，最好是在困难把孩子压垮之前，我们伸出援手；有时候，最好后退一步，让孩子自己独立解决问题。不过，即使让孩子自己解决问题，父母也应该在离开之前跟孩子说上几句鼓励的话，拍一拍孩子的后背，或者在恰当的时候给一点建议。

每当孩子遭遇失败、感到挫败沮丧时，父母绝不能只盯着孩子失败的部分，而更应该关注孩子已经完成的部分，或者关注孩子正在努力克服困难的事实。

五岁的内森正在用积木搭建一座高楼。他搭的高楼结构有些复杂，摇摇欲坠。果不其然，积木高楼很快就坍塌了。内森顿时放声大哭起来，幸好爸爸已经准备好一些鼓励的话语。

"我看到你刚才建了一座很高的大楼，几乎快和你一样高了，"爸爸说，"你需要我帮你重新开始吗？"于是父子俩开始一起重新搭建积木高楼，爸爸教内森搭积木的技巧，让高楼的结构更牢固。爸爸关注并且称赞了内森之前的努力，让内森感到有自信。现在他正在努力学习新的技能，今后就能搭建更好的积木高楼。

案例 35 这些资料中，哪些是你最需要的？

与其说"做得好"，不如以孩子需要的方式提供帮助

对孩子来说，鼓励并不仅仅是几句表扬的话。

十四岁的苏西正专心致志地做历史作业，她在写一篇关于塞勒姆女巫审判案的报告。看到苏西如此聚精会神，花了大量时间把许多不同的历史材料整合在一起，爸爸感到非常欣慰。可是材料信息太多了，苏西在海量的信息中苦苦挣扎，此时离交报告的截止日期只剩下两天。

"哇！看起来你花了很多工夫，收集了这么多资料！"爸爸对苏西说。

苏西回答说："是啊！不过我恐怕没法按时完成报告了。"

"在这些资料中，哪些最有可能用得上呢？"爸爸问道，"何不先把精力放在这些资料上呢？要是有时间的话，可以再看别的资料。"

苏西饶有兴趣地抬起头来，感觉爸爸真是料事如神啊！"这三本书是最有用的。"她兴奋地说，语气中带着轻松，"现在可以先把剩下的资料放在一边。"

在爸爸的帮助下，苏西找到了最适合的解决方法。正是因为爸爸注意到苏西的困难，也愿意花时间协助她想出解决办法，所以苏西才能平复情绪，按时完成历史报告作业。爸爸的这种帮助远比简单地说一句"干得不错"更有意义。

案例 36 早知道就买没鞋带的鞋！

预留时间让孩子练习，学会并完成自己该做的事

想要正确地鼓励孩子并不容易。如果孩子很小，父母会认为，与其让孩子自己慢慢做，还不如父母代劳更高效、更节省时间。可是等孩子长大后，这么做的后果就不再是节省时间，反而会变成一件让父母劳神费力的事情。为了让孩子做自己应该做的事情，父母可能会感到精疲力竭。不管孩子多大，父母都不应该陷入"替孩子完成"的陷阱。父母应该根据孩子的年龄和能力，鼓励孩子承担相应的责任，积极参与完成日常生活中的任务。这对孩子的成长至关重要，鼓励孩子这么做是父母的责任。

四岁的巴里正在学习如何系鞋带。他的手指还不够灵敏,很难把鞋带穿过去。妈妈看着他,越来越不耐烦。上学快迟到了,妈妈甚至后悔没给巴里买尼龙粘扣的运动鞋。

"来,让妈妈帮你!"妈妈一边说,一边挪开巴里的手,很快系好了鞋带。妈妈的动作太快了,巴里根本没看清妈妈是怎么做到的。他想要自己系鞋带,于是他解开鞋带,想要自己重新系一遍。现在时间更迟了,母子俩都很不耐烦,互相生气,可是鞋带还是没有系好。

作为父母,最重要的就是安排好日程时间。预留出充足的时间,不要匆匆忙忙,不要在有压力的情况下,让孩子掌握需要学习的事情,比如自己穿衣服,自己刷牙,自己整理好房间。我们大多数人都过着紧张而匆忙的生活,如果让每个人提前半小时甚至一小时起床,可能有些困难。可是,对于许多需要忙于兼顾家庭和工作的父母来说,这么做也未尝不可。当然,要由每位家长权衡利弊后再做决定。但是,父母务必想想,这件事对您的孩子来说是多么重要,因为孩子需要学会自己做事情,一旦孩子能够成功,就会为自己感到骄傲和自信,不会因为无法跟上父母飞快的节奏而感到羞愧和沮丧。

案例 37 我当初不该鼓励他去竞选班长

与其鼓励孩子"试一次看看",不如说"尽力而为"

父母可能会遭遇另一个陷阱:为保护孩子免于失败、失望或受伤害的困扰,无意中阻碍孩子尝试新事物。我们当然不希望孩子受到伤害,但有时候也应让孩子适当冒险。

六年级的埃迪决定参加班长竞选。一天晚上,埃迪睡着后,他的妈妈和爸爸开始讨论即将到来的竞选。

"如果他没竞选成功,会非常难过的。"妈妈有些担心,"我一开始就不应该鼓励他参加竞选。"

爸爸笑着说:"他会没事的。对埃迪来说,这也是一个很好的人生经历嘛!"

"失败也算好的人生经历?"妈妈问道。

"当然,失败就是最好的经历。"爸爸回答说。

爸爸的话是对的。不管竞选结果如何,埃迪都会从此次经历中学习,变得更强大。如果他赢了,他会收获自信;如果他输了,至少不会感到遗憾,因为他知道自己已经尽了最大的努力去实现目标。母亲需要转换角色,从保护儿子转变为鼓励儿子,即使结果让母子两人感到沮丧。

父母有时候会掉进养育子女的另一个陷阱——"试试看"。当父母鼓励孩子去尝试新事物时，比如让孩子吃不喜欢的蔬菜，让孩子完成不喜欢的任务。如果父母仅仅说"试试看"，可能在不知不觉中给了孩子这样的信息：只要试一试就行，没有什么要求。这种做法对于只想做容易的事情的孩子来说，"刚刚已经试过了"，所以就把"试试看"当作停止努力的最好借口。当孩子面临一项具有挑战性的任务时，父母最好的做法是关注孩子的潜力，而不是降低对孩子的期望。当父母鼓励孩子说"尽你所能"时，孩子就会知道父母想让自己做什么，而且不会感到压力。父母要求孩子在面对挑战时尽力而为，就是在向孩子表达父母对他们的能力有信心，从而为孩子的成功指明方向。创造积极的预期氛围是非常重要的，其实这种积极的预期往往可以实现，因为随着不断练习和学习，孩子们变得更成熟，每个孩子都会在各个方面取得进步。

案例 38 你要进这个班才能考上常春藤盟校

欣赏孩子独特的特质，鼓励孩子成为自己想成为的人

父母需要注意的是，不要强迫孩子去实现父母未达成的愿望。

蒂芙尼的妈妈说服学校把蒂芙尼安排进数学优等生班。蒂芙尼学得非常吃力，但妈妈已经下定决心。"你必须进这个班，以后才能考入常春藤盟校。"她对蒂芙尼说，"只要你足够努力，就能做到。"

蒂芙尼很沮丧，她不关心自己能否进入常春藤盟校。如果妈妈愿意花点时间听一听蒂芙尼谈谈自己在学习中遇到的麻烦，再和女儿讨论一下为什么上常春藤盟校对她有好处，以及怎样才能考上常春藤盟校，妈妈说不定能说服蒂芙尼，让她相信付出额外的努力是值得的，但也有可能事与愿违。

然而，妈妈将自己的目标强加给女儿，低估了蒂芙尼所在快班的学习难度，给蒂芙尼施加了太多的压力。她自认为是在鼓励女儿，但实际上忽略了蒂凡尼的内心需求，试图想让孩子实现自己之前无法达成的愿望。

父母应该欣赏和尊重孩子对自己人生的看法，孩子看待世界的眼光也许和父母不同，其实也无须相同。每个孩子都是独一无二的，有自己独特的天赋。如果父母鼓励孩子成为他自己，父母就能有幸看到孩子们眼中的世界。当我们鼓励孩子充分发挥自己的才能时，孩子会变得更自信，我们的世界也会因此变得更丰富、更充实。

案例 / **39 这个梦想很好！**
支持孩子的大小梦想，缩短能力和梦想的差距

每个孩子都有梦想，孩子们的梦想总是很远大。在他们的梦想里，一切皆有可能。让孩子知道想要梦想成真需要付出巨大的努力，这是孩子成长过程中非常重要的部分。我们不希望孩子在成长过程中失去梦想的力量。孩子不知道什么是极限，通常也不会感到恐惧，父母应尽量保护好孩子这些优秀的品质。同时，父母应该温和地引导孩子缩短能力和梦想之间的差距，切合实际地为他们提供帮助。

在父母看来，孩子的某些愿望似乎微不足道。

"今年，我要来帮忙装饰圣诞树，我要把这颗星星放在最上面。"三岁的萨沙宣布道。现在，萨沙感觉自己长大了，她希望自己能参与重要的家庭仪式，做出自己的贡献。我们都知道仅凭她自己根本够不着树顶，但只要爸爸帮忙把她举起来，她就可以。"好主意，萨沙！"妈妈说。

妈妈关注的是萨沙的愿望，而不是萨沙需要别人的帮助才能实现愿望。经过这件事情，萨沙知道父母很重视她的梦想，还会帮助她实现梦想。

其他的梦想则更远大。我们知道，并不是孩子所有的梦想

都符合现实，那么我们如何判断孩子的哪些梦想应该被鼓励，哪些梦想不该被鼓励呢？

特拉维斯想成为一名歌手，但他没学过音乐，并且五音不全。尽管如此，爸爸还是认真听取了特拉维斯的音乐生涯计划，从不提及儿子显而易见的缺点。爸爸鼓励沉浸在梦想中的特拉维斯，因为爸爸相信他，相信为自己喜欢的事情付出努力是最重要的。

毕业后，特拉维斯搬到洛杉矶，创作RAP歌词，并与一个乐队合作。后来，他们一起发行了一张CD。尽管特拉维斯成功踏进自己梦想的音乐世界，但是他只是一个"难以维持生计的艺术家"。

很可能他会放弃音乐行业，转行另谋出路。即便这样，更重要的是，他曾经有一个梦想，父亲也曾鼓励他去实现梦想。在今后的人生中，无论做什么，特拉维斯都知道自己为梦想付出过最大的努力。因为尝试过，特拉维斯的一生才不会留下遗憾，不会后悔自己的努力付出。

相信孩子，为他们提供"做最好的自己"的机会

赞赏能力优点、内在特质，并尊重自主权，让孩子满怀自信面对世界

仅仅鼓励，还不能帮助孩子学会自立。我们需要思考让孩子发展哪种内在品质。当我们看到孩子表现出我们欣赏的品质时，不管是慷慨、善良、敏锐、决断，还是其他的品质，我们都应该关注到，并且欣赏这些品质。我们的评价有助于塑造孩子的自我形象，孩子会带着这种自我形象步入学校、走向社会乃至今后的职场。当父母为孩子提供鼓励性的环境和安全自主的成长空间时，父母就是在为孩子提供机会成为最好的自己。

当父母鼓励孩子时，当对孩子表示支持时，就是在帮助孩子实现梦想。父母可以提出建议或帮助引导孩子，但应该始终尊重孩子的自主权，尊重孩子自己选择的权利。父母的角色是陪伴孩子经历成功和失败，相信无论结果如何，孩子都能从自己的经历中受益，让他们在自信中成长。

父母应该相信孩子的梦想，即使不能完全理解。尤其是当孩子对自己失去信心时，父母更要相信孩子。父母要真诚地鼓励孩子，鼓励孩子的梦想、力量及内在品质，这样将帮助孩子更自信。

chapter 09

如果孩子生活在宽容中,
他们将学会耐心

耐心需要宽容。宽容是指积极接受发生的一切，而非不情愿地"忍受"。当我们接受无法改变的事情，并决定在糟糕的情况下也竭尽全力，而不是抱怨它，事情的结果可能会出乎意料。积极的态度不仅能让人更轻松地处理困难的事情，实际上也能改变最终的结果。

凯莎马上要读七年级了，就在开学前几天，她摔断了腿。当所有的孩子都在暑假后重返校园时，凯莎只能躺在家里的沙发上，腿上打着石膏。

这种情形下，凯莎有两种选择：一种是她可以选择自怜自艾，感到孤独和不耐烦；另一种是她可以选择接受已经发生的事情，有创造性地处理。在妈妈的帮助下，凯莎决定举办石膏签名派对。她的几个最亲密的小伙伴放学后，来家里给她腿上的石膏画画，大家一起吃巧克力饼干、喝柠檬水、聊天。

凯莎改变了令人沮丧的事情，把这段困难的经历变成一段让自己和朋友们都难忘的时光。

案例 40 还要多久？快到了吗？

先让孩子知道，你明白让他等待是很困难的，再想办法营造开心的等待时光

即使对成年人来说，漫长的等待也是一种煎熬。从小我们就被教育要有耐心，或者至少学会隐藏自己的不耐烦，因为我们知道生活在社会群体中耐心是必不可少的。对于年幼的孩子来说，等待更加难熬。孩子不在乎别人怎么想，所以会公开表达自己的不耐烦。此外，孩子尚未成熟的时间概念让他们很难明白还要等待多长时间。"还要多久？""我们现在可以走了吗？""轮到我们了吗？""要等到什么时候啊？"这些问题说明，对于年幼的孩子来说，不仅等待是件困难的事，而且他们没有时间概念。

日常生活中，有大量的机会让父母教会孩子如何耐心等待。

"我饿了！"孩子不耐烦地哭了，当我们准备食物时，可以向他解释：意大利面需要煮熟，蔬菜需要切，橘子必须先剥皮。假如另一个孩子要求："我要冰块！"父母可以让孩子看看冰盒，并解释水结成冰块需要时间，这样就能帮助孩子理解为什么必须等待，同时给孩子上了一节生动的科学课。

当孩子不耐烦时，父母应该倾听孩子的心声，理解他们难熬的心情，同时要让孩子明白有些事情需要时间，而且必要的步骤正在进行时，我们只能耐心地等待。

在超市排队购物或长途驾车旅行时，对孩子来说特别具有挑战性。这种情况，往往也是孩子们学习如何耐心等待的绝佳机会。父母可以教孩子如何愉快地度过等待时间：在排队时，可以让孩子说一说平时没有机会讨论的学校活动；汽车旅行时，陪孩子玩一些游戏，让旅途变得更愉快。做一些有趣的事情，即使是小孩子，也会觉得时间过得很快。例如，数数一路上看到的卡车、红色的汽车或白色的房子。

不仅"无聊的等待"让孩子不耐烦，迫不及待想要生活中的美好事物，也会让孩子觉得难熬。对孩子来说，假期是他们非常渴望的，但总是那么遥远！利用孩子对重大事件的期待，可以帮助他们感知时间是如何流逝的，了解一天、一周、一个月的含义，帮助孩子享受等待的过程并从中受益。

通过学习日历，父母帮助孩子理解如何用图画来表示时间，并对时间单位有初步的认识。学龄前儿童喜欢拥有自己的专属日历，会用贴纸来标记自己盼望的特殊日子。随着特殊日子的临近，孩子想要参与各种准备活动，让特殊日子在最终到来时变得更加特别，比如制作圣诞节和光明节（犹太教节日）的装饰物，烘焙专门的节日食品，为过生日或者心爱的人准备礼物等。

案例 / 41 **爸爸，你为什么不换车道？**

让孩子理解：当状况无法改变时，理性分析比抱怨更有意义

如果我们的情绪容易被日常生活中的琐事影响，那么孩子很难学会保持耐心。大多数成年人都有耐心摆脱某些艰难的困境。尽管做起来并不容易，但重要的是我们要从容应对这些日常挑战，为孩子做个好榜样。

在回家的路上，爸爸和十岁的埃里克遇到严重的交通堵塞。车流几乎一动不动，还有一些司机想要占据靠前的位置，准备换车道加塞。

"你为什么不换车道呢，爸爸？那条车道似乎更快些。"埃里克催促爸爸。

"咱们没那个必要。"爸爸教儿子如何正确看待面临的情况，"变道加塞一点儿也不划算，交通事故就是这样发生的。其实，谁都快不到哪儿去，我们现在最好的做法就是放松心情。"

父亲教育儿子用平和的心态接受让人烦恼的现实。爸爸不仅自己保持心态平和，还向儿子解释在无法改变形势的情况下，为什么需要耐心等待。不用说，这种做法比抱怨、沮丧或冲其他司机大喊大叫要好得多。

在生活中，对于某些特殊时刻，我们很难保持耐心，比如

等待婴儿的出生，等待家庭成员做手术，或者等待应聘结果等。这些都有可能改变我们的生命轨迹，让父母和孩子感到焦躁，但这也是生活的一部分，父母应对特殊时刻的方式教会孩子如何在充满压力的情况下处理问题。

被坏情绪困扰的时候，如何让自己内心平静下来，获得内心的安宁，是父母应教授给孩子的一项宝贵能力。即使在紧急时刻，我们也可以利用等待时间，让自己集中精力应对眼前的困难。无论何时何地，我们都应该花点时间让自己冷静下来。如果可以的话，闭上眼睛，做几次缓慢的深呼吸：为了唤回活力，为了集中精力，为了获得安慰，为了恢复平静。这个简单的呼吸练习可以帮助你神奇地恢复内在力量，获得继续等待的积极力量。

案例 42 我必须为了孩子变得坚强！

面对紧张情势，问自己"还能做什么"，往往能缓和情绪

处于紧张状态时，还有一个可以帮助缓解紧张感的技巧，就是问问自己："在这种情况下，我有什么办法？我还能做什么？怎么做才能让等待变得更容易？"有时候，这些问题能让我们把注意力从紧张焦虑转移到具体的行动上，让我们忙碌起来，或许还能帮助身边的人。

我认识一位女士，她正等待医生宣布检查结果，于是她决定把家里所有的窗户都擦干净。她说："积极的忙碌可以让我忘记恐惧，并且我家的每一扇窗户都闪闪发光，阳光通透地照进来，整个房间看起来焕然一新。"

有时候，孩子可以帮助我们找到好办法。一位年轻的妈妈从五岁的女儿那里获得了她需要的支持。"约翰尼发高烧，我真是担心死了。"她说，"莫利搂着我说：'别担心，妈妈，约翰尼会没事的。'她让我镇定下来，不再惊慌失措。我知道为了她和约翰尼，我必须坚强起来。"

案例 43 番茄又长高了几厘米

陪孩子培育植物，让他自然而然了解"有时候急也没有用"

想让孩子了解时间是如何流逝的，最好的方法就是带他们一起培育植物。照顾和培育一株小小的植物，等待一颗新芽萌发，可以让孩子具体地感知和理解时间的流逝。一个新生命出现在这个世界上，孩子一定会无比兴奋。生命的出现和生长让孩子明白，成长需要时间，不能操之过急。

汤米上一年级了，他所在的班级在校园里种植番茄。每周，他会向妈妈报告这些植物长多高了，由谁负责浇水。有一天，汤米兴致勃勃地说："我们今天给这些番茄小苗绑了小树枝，这样它们就不会东倒西歪了。"

妈妈虽然听着汤米说话，却有点心不在焉地想着接下来要处理的事情。"你觉得什么时候能长出番茄呢？"她问道。

汤米被妈妈的问题吓了一跳，因为他一直在关心番茄苗的生长。"我猜……要等番茄苗都准备好吧！"他回答。

妈妈立刻意识到，自己满脑子正想着其他事情，反而忽略了最重要的内容。汤米对这些植物的逐渐成熟感到兴奋，并注意到了番茄苗每一个小小的变化。汤米知道一定会长出番茄，但那不是他的目标。他在享受植物神奇的生命过程。

"你正在学习植物如何生长，真是太棒了！"妈妈对汤米说，"看着它们一天天变化，你是不是觉得很激动？"汤米看着妈妈，高兴地笑了。妈妈理解了自己，汤米感到十分开心。

案例 44 你觉得新老师如何？

宽容并尊重和我们不同的人，不论是当面或是背后的言行

在讨论种族、宗教或文化差异时，我们经常使用"宽容"这个词。我们对待与自己不同的人的方式和态度，体现了我们是否对他人持宽容的态度，其中还包括我们与他们直接互动的

方式，以及背后我们对他们的议论。即使是最微妙的暗示，孩子也能敏锐地感受到。尽管孩子还不能完全理解我们话语的含义，但他们会吸收我们的态度并模仿我们的行为。

迈克尔上五年级了，新来的老师是不同种族的人。迈克尔的母亲一反常态地问了儿子很多问题。"你觉得新老师如何？"她问道，"他推荐了什么书？""他是否偏爱某些孩子？"

迈克尔不明白妈妈为什么要问如此尖锐的问题，还是尽可能地向妈妈描述新老师的情况。"他让我们按照自己的想法设计黑板报。"他说，"在课间休息时，他会和我们一起去操场。"

但这些回答似乎不能让妈妈满意。妈妈接着问："你认为他是个好老师吗？""你觉得我们是不是应该给你换一个班呢？"

这下，迈克尔真的糊涂了。起初他很喜欢这位新老师，但现在他也不确定了。第二天，当他走进教室时，对新老师的感觉发生了微妙的变化。迈克尔怀疑新老师可能偏爱班上的某些孩子，而不喜欢自己。

如果我们问迈克尔的妈妈，她能否容忍其他种族的人，她可能会回答："是的，那当然。"但是很显然，她让儿子感受到另一个完全不同的答案。

等孩子长大后，他会生活在这样的世界里：全世界的人类和睦相处，共享生态环境、商业贸易，全球化是一个不可回避的事实。我们的孩子需要与不同肤色、不同文化、不同能力、不同信仰的人相处。如果我们做接纳和宽容的榜样，孩子就能学会尊重、珍惜并且享受人与人之间的差异，而不是用怀疑的眼光看待他人。

在家庭这个社会缩影中，学着接受差异、欣赏彼此

只要想着孩子正在模仿我们，不管多么疲惫、烦恼，都能变得更有耐心

家庭为孩子们提供了集体生活和与人合作的经验。即便生活在一个家庭里，家庭成员也存在很多分歧。同一件事情，有人喜欢，有人讨厌。培养孩子尊重他人，学会接受甚至欣赏彼此之间的差异，需要大量的时间和耐心。在孩子学会接受他人的不同，并学会团队合作的过程中，我们就能发现并享受很多家庭生活的乐趣。

成为好父母需要耐心。孩子不断挑战父母是件很正常的事情，当父母不断受到挑战，被其他责任压得透不过气，而且经常处于疲劳状态时，要保持耐心的确不是件容易的事。所以，为人父母是天底下最困难的工作，这种说法毫不夸张！

然而，这也是最有价值的工作！如果我们把眼光放在成果上，意识到在生活中没有什么比爱孩子，并帮助他们成长为快

乐、可靠、善良和有责任心的成年人更重要的事情，那么为人父母就会变得容易一些。有时候，我们会失去耐心，但可以把它再找回来；有时候，我们发现一天之内自己有好几次因为不耐烦而伤害孩子。幸运的是，孩子对我们总是非常宽容。他们可能没有足够的耐心系鞋带或排队等候，但是对于诚心诚意努力想做到最好的父母，孩子的宽容程度令人赞叹。

无论遭遇什么样的困境，我们都希望孩子能冷静面对，成功克服。我们应该保持自己内心的平静，才能对孩子充满耐心，为孩子营造一个温暖的家。

生活中鸡毛蒜皮的小事可能会给整个家庭带来各种挑战，但我们绝不会被打垮。在这样的家庭中，对他人的宽容使我们从日常的点滴细节中感受到彼此之间的爱。孩子们从家庭生活中不断学习，建立对未来生活的渴望，获得为未来而奋斗的力量。

chapter 10

如果孩子生活在赞美中，
他们将学会感谢

请把赞美孩子当成一种表达爱的方式。你的赞美能够鼓励孩子，让孩子感受到父母对自己极大的赏识和重视。赞美有助于培养孩子的自我意识，帮助孩子学会认识自我，并成为他们想要成为的人。

作为父母，我们最重要的任务之一就是赞美孩子，不只是赞美孩子取得的成就，也要赞美孩子为实现每个目标付出的努力。父母应该毫不掩饰慷慨地给予孩子表扬，因为在孩子自我意识形成的过程中，没有什么方法比赞美更能激发孩子的内驱力。只有当父母认识并关注孩子的内在价值时，就是在帮助孩子建立自信，当父母不在身边或遇到困难时，孩子可以通过自我认同获得力量。毫不夸张地说，父母对孩子的赞美和赏识让孩子受益终身。

当父母赞美孩子时，同时是为孩子树立榜样，让孩子学会如何肯定他人，以及如何欣赏这个世界。

这将有助于孩子与他人建立健康良好的人际关系，让孩子成为享受生活的人，让他以积极的态度面对遇到的人和事。赞美能让孩子在人群中更受欢迎。

案例 45 能带上妹妹一起玩，你真是个好哥哥！
当孩子表现出你希望他发展的特质时，关注和赞美他

只有当孩子获得赏识时，他们才会懂得赏识的真正含义，赏识还能提升孩子的价值感和尊严感。每个孩子都应该拥有被赏识的感觉，作为父母，我们的任务就是让这种感觉在孩子内心生根发芽。

孩子不必为了获得"赏识"而努力争取，也不需要为了得到表扬而证明自己。作为父母，我们面临的挑战之一就是密切关注孩子看似不起眼的特质，鼓励孩子发展那些有助于他们成长的特质。

在一次家庭野餐聚会中，几个十来岁的孩子一起打羽毛球，他们玩得十分尽兴。十二岁的瑞恩把球拍给了五岁的妹妹，把她扛在肩上，让妹妹也能跟着大家一起玩。妹妹很高兴能和大孩子们在一起，甚至还能时不时接到几个球。

当孩子们中场休息喝水时，瑞恩的妈妈小声对瑞恩说："能带上妹妹一起玩，你真是个好哥哥。"瑞恩耸了耸肩，和其他孩子一起跑开了，但他脸上却隐藏不住害羞的笑容。

瑞恩知道妈妈表扬自己，是因为他能带上妹妹一起玩。这让他从心底里为自己感到高兴，也让他觉得自己的善良体贴得到了妈妈的认可和重视。

案例 46 哥哥拿了我的卡车！

信任孩子、听他解释，或许他已尽力做到最好了

即使在孩子表现最糟糕的时候，父母也应该关注和赞美孩子身上积极的一面，尤其要相信孩子。

四岁的弗雷迪和他还不到两岁的弟弟乔伊在卧室里玩耍。突然，一阵喧闹的哭喊声和尖叫声打破了平静。妈妈走到门口，问："发生了什么事？"

"乔伊要抢我的玩具卡车！"弗雷迪眼泪汪汪地说。他把一辆金属玩具卡车高高地举过头顶，小乔伊正使劲地摇晃拉扯着哥哥，想要拿到玩具卡车。

这一次，妈妈决定先不管是谁先拿的玩具卡车，谁抢了谁的玩具。她评论道："你不想让乔伊玩你的卡车。"

"是的，他太小了。"弗雷迪强调说。"他可能会伤到自己。"他又加了一句。

妈妈发现弗雷迪说得有道理。这辆玩具卡车是金属做的，而且确实是给大孩子玩的。"你关心弟弟，我觉得你真是个好孩子！"妈妈说，"那还有没有其他更合适的玩具，你认为弟弟可能会喜欢呢？"

弗雷迪环顾房间，看到一辆木头玩具卡车。他先把金属玩具卡车递给妈妈，妈妈小心地把它藏到乔伊看不见的地方。"我想他可能会喜欢这个。"弗雷迪说，把木头卡车递给了弟

弟。乔伊笑了笑，开始玩起了木头卡车，而弗雷迪也回到自己的游戏中。弗雷迪因为自己的玩具卡车不再被弟弟抢夺而松了口气，同时为自己刚刚扮演的保护弟弟的角色而感到自豪。

弗雷迪嘴上说着担心弟弟的安全，也许并不是阻止弟弟玩卡车的真正原因。但这并不重要，关键是他被妈妈当作好哥哥，并且积极地解决问题，有能力帮助父母解决小弟弟的麻烦。妈妈始终愿意相信弗雷迪在尽自己最大的努力，这一点对弗雷迪来说也很重要。父母对孩子的信任和期望，能让孩子积极向上，并且努力超越自我。

案例 47 就算他有一堆好玩的玩具，我也不想跟他玩！

赞同孩子的正向价值观，让他学习合理地评价他人

当父母在某方面表扬孩子多于其他方面时，就是在告诉孩子什么是重要的。不幸的是，在如今金钱至上的商业社会中，孩子们被这样的信息影响着：一个人的价值是由其拥有的物质财富决定的。父母需要找到方法不让功利性价值观影响孩子的自我价值。我们首先应该让孩子知道，父母爱他是因为他本身。

孩子几乎每天都会接触到某些不良信息，父母需要积极应对。从孩子很小的时候开始，就应该帮助他们认识到：整个社会被广告和其他文化信息浸染着，这些信息的目的就是让人们购买原本不需要的东西。父母帮助孩子理解，虽然这些广告信息暗示金钱可以带来幸福、友谊和爱，但事实上并非如此。父母应教育孩子对广告持怀疑的态度，教孩子如何区分想要和需要的东西，帮助孩子成为更理智的消费者，成为心情愉悦、心态平和的人。

当父母向孩子表明：我们爱孩子仅仅是因为他们本身，孩子就能学会正确面对生活中遇到的人，并做出正确的判断。

杰克上五年级时，班上新来了一个男孩，叫蒂莫西。蒂莫西给所有的孩子留下了深刻的印象，因为他曾和家人住在国外，会说几种语言，还是一名优秀的运动员。消息很快传开了，据说他家里有一所大房子，他拥有所有最新款的电子游戏机，还有一台大屏幕电视机和一张台球桌，所有的男孩都想去他家玩。

然而，当杰克被邀请去蒂莫西家玩的时候，他发现蒂莫西总是盛气凌人，很难相处，有时非常刻薄。杰克的爸爸来接他回家，一路上杰克一言不发。

"你们两人下午都在干什么呢？玩得开心吗？"爸爸问。

杰克开始讲述下午发生的事情，然后抱怨蒂莫西总是按照自己的意愿行事，玩什么都想赢，而且玩什么都喜欢耍赖皮。

爸爸认真地听完杰克的描述，沉默了一会儿，他问道："那么，你觉得蒂莫西怎么样？"

"我不喜欢他。"杰克认真地说。

"嗯。你不喜欢他哪方面呢？"爸爸问。

"他虽然拥有很多东西，但我还是不想和他一起玩！"杰克脱口而出。

杰克的爸爸理解了，然后对杰克说："我真为你感到骄傲！杰克，因为你明白了交朋友非常重要的一个道理——不管一个人拥有多少物质，这个人本身才是最重要的。"

爸爸赞赏杰克评价人的本身，而不是物质。像这样亲子间的简单谈话，我们完全可以利用繁忙生活中的碎片时间进行，利用这种机会肯定孩子，帮助其发展积极的价值观，让孩子了解父母的价值观，告诉孩子这些价值观是如何在日常生活中体现出来的。

案例 48 没关系，你已经尽力了

该诚实?该体谅?心态真诚、以身作则，才能让孩子学会社交沟通技巧

父母对孩子的赞赏很重要，但更重要的是真诚地赞赏。父母在运动场外的表现往往能说明他们看重什么品质。一些家长

用行为向孩子证明,对孩子来说,胜利就是一切。

九岁的罗比参加了少年棒球联盟,他虽然不是最棒的运动员,但他喜欢打球。通过参加棒球比赛,罗比既锻炼了身体,又学到不少社交技能。大部分时间,罗比都很努力,而且做得相当不错。然而,有一天罗比在对阵另一支球队的比赛中,似乎有些心不在焉。罗比的妈妈站在赛场外,疯狂地为罗比的球队加油。每次轮到罗比挥动球棒或者有球向他飞来时,妈妈的加油声格外响亮。妈妈越尖叫,罗比似乎就越笨手笨脚,不知所措。

最终,罗比的球队输了比赛,妈妈说:"没关系,你已经尽力了。"但是从妈妈在整场比赛中的表现及说话的语气来看,罗比知道妈妈这样说并不是出于真心。

对于孩子的表现,父母总会有感到失望的时候,其实没有必要对孩子隐藏失望的情绪。最重要的是教会孩子如何看待自己的努力。如果孩子知道自己把事情搞砸了,他也很泄气,父母应该处理好自己失望的情绪。

此时的罗比需要的是妈妈大大的拥抱和安慰,告诉罗比不管结果如何,妈妈都会和他站在一起。父母必须记住,比赛是让孩子们学习优秀的体育精神,付出努力,并享受运动的乐趣。毕竟,决定孩子未来的不是父母对孩子的期望,而是孩子自己的目标和梦想，这将伴随他们一生。

只有当父母的思想和行为尽可能保持一致时，才能为孩子树立更好的榜样。然而，这个问题确实有点复杂。一方面，我们希望孩子说出心中想说的话，实现目标，至少大多数时候是这样。另一方面，我们希望孩子该坦诚的时候坦诚，该隐藏的时候隐藏。我们不希望孩子变得虚伪，但我们确实希望他们礼貌待人、体谅他人的感受。虽然教会孩子良好的礼仪很重要，但父母想做的不仅仅是教会孩子说"请""谢谢"之类表达礼仪的话，而是希望孩子真诚地欣赏他人的体贴和慷慨。这不是一项容易的任务，最好的办法就是通过行动展现给孩子看，教孩子在善良和真诚、诚实和礼貌之间找到平衡，学习进行微妙而重要的人际交往。

案例 49 你有没有为自己感到骄傲呢？

提醒孩子赏识自己，给他们源源不断的精神养分

被别人欣赏和被自己欣赏是不同的，尽管两者都很重要。我们希望孩子在情感上变得成熟，并学会在自立的过程中给予自己必要的支持和鼓励。如果孩子能欣赏自己，他们就会有源源不断的精神养分。当然，这种能力需要从小培养。

当妈妈从幼儿园接四岁的女儿时，和老师简短地聊了几句。女孩打断她们，给妈妈看自己拼好的拼图。

妈妈很赞赏女儿的作品，说："我为你感到骄傲。这是一个很好的作品。"

老师温和地补充道："拼得这么棒，你难道不为自己感到自豪吗？"

女孩笑了，她不但得到别人的赞扬，同时因为被鼓励而感到自豪。

案例 50 看看我做了什么

留心孩子的情绪需求，分辨他是想获得赞美还是关注

赞美不应该代替爱和关注。父母应该意识到，当孩子不断寻求表扬时，"看看我吧，看我做得多好！"实际上，孩子是在表达，"请关注我吧，告诉我真的很棒。"

当孩子经常寻求这种关注时，说明他们可能需要安全感，来证明自己是被爱和被支持的。相比被表扬和赞美，这是一种更基本的需求。在这种情况下，仅仅依靠赞扬无法满足孩子的需求。

四岁的乔舒亚正在地板的垫子上画画，妈妈坐在厨房的桌子旁喝咖啡。

"看看我做了什么？"乔舒亚问妈妈，手里拿着一幅刚刚开始画的画。

妈妈看了看那张纸说："这是一个好的开始。接下来你准备画什么？"

乔舒亚没有回答妈妈的问题，拿起纸和蜡笔，走近妈妈，"我可以坐在你的腿上吗？"他问道。

妈妈把咖啡杯移到一边，让乔舒亚坐上来。她知道儿子需要拥抱，而不是艺术上的鼓励。更重要的是，他知道自己需要什么，并且敢于提出要求。

有些孩子比其他孩子需要更多的关注。在这方面孩子存在着天然的个体差异：一些孩子需要很多拥抱和依偎，而另一些孩子则喜欢和父母保持恰当的距离。对于需要大量关注的孩子来说，仅仅表扬和欣赏是不够的。他们需要父母投入更多的关注和情感，这样他们才能确信自己是被父母爱着的。

当家庭发生变故，比如父母离婚、父母一方生病或去世、搬家去新的地方、父母一方失业，大多数孩子在那段时间内需要更多的关注和关心。在这种时候，父母和孩子待在一起，谈论正在发生的事情是至关重要的。父母通过帮助孩子分享自己的感受和担忧，给孩子获得额外关注的机会，这种关注可以让孩子感到安慰、舒心，并且能治愈孩子内心的创伤。

赏识美好的事物,让孩子更快乐
能大方地给予赞美,也能接受赞美,让孩子自信而不羞怯

除了学会赞美他人外,父母还希望孩子学会接受他人的赞美。如果孩子在赞美中长大,他们就会自如、心怀感激地接受他人的赞美,而不会感到尴尬或自我膨胀。

当我们欣赏和赞扬孩子时,也就是在教孩子如何欣赏周围的世界。花点时间和精力去发现每一天的美好时刻,会让孩子更幸福,让他们拥有更快乐美好的童年回忆。

chapter 11

如果孩子生活在接纳中，
他们将学会爱人

人们常常用"爱"这个词,来形容人类最具活力且最重要的生命体验。我们所说的爱远远超出语言的表达范畴,生命中没有什么比爱和被爱更重要。

当我们全心全意地爱着孩子,无条件地接纳他们,他们自然会茁壮成长。因为爱是孕育孩子成长的土壤,是决定他们成长方向的阳光,是滋养他们成长的雨露。

孩子从出生的那一刻起就需要爱,也许更早。新生儿完全依赖父母的温暖、爱护和关爱。父母积极的关爱有助于培养孩子的自信和归属感。当孩子长大一些,他们仍需要父母向他们表达爱。孩子通过父母慈爱和关心的举动来感受父母的爱。父母对孩子完全的接纳就是这种爱的源泉。

对孩子来说,感受到爱是必不可少的,因为爱是人类最基本的需求。

即便在成年后,我们仍然希望被他人需要,需要亲密关系,需要充满爱意温暖的身体接触。我们都希望自己能够被他人接纳,希望拥有让自己有归属感的友谊。

如果父母友善地对待孩子,用爱的行为、爱的语言和爱的养育陪伴孩子,孩子就能感受到自己是被爱和被需要的。仅仅说"我爱你"是远远不够的。在育儿班里与父母一起学习时，我经常谈到爱的三个"A"：接受（Acceptance）、慈爱（Affection）和欣赏（Appreciation）。父母应该让孩子坚信：父母永远无条件地爱自己、接纳自己，包括接纳自己的缺点。只有当孩子生活在这样的环境中，得到父母坚定不移的爱，孩子就能拥有爱他人的能力。

如果……，我就不爱你

爱不是奖赏也没有附加条件，无条件地接纳能教会孩子什么是爱

"接纳"的本义是"去接受"。接纳让孩子们感受到父母需要他们、爱他们。父母用微笑、拥抱、亲吻和抚摸的方式向孩子传达爱意，让孩子感受温暖，日复一日、年复一年，直至他们成年。

如果父母无条件地接纳孩子，就不会想要改变孩子。为了做到这一点，父母不得不放弃想让孩子实现自己儿时的梦想。

比如妈妈发现女儿喜欢阅读而不是跳芭蕾舞，爸爸发现儿子喜欢化学胜于篮球。这时父母就面临一个重大的难题：让孩子实现父母未能实现的梦想，还是为孩子提供支持，鼓励孩子去追求自己的梦想。其实，答案非常明确，如果父母为孩子创造条件，并帮助孩子实现自己的梦想，父母自己的世界也会变

得更广阔、更丰富。

同时，父母应该让孩子知道：遵从或完成父母的要求，并不是获得父母之爱的先决条件。父母的爱是自由地给予，而不是对良好行为的奖励。父母不应该以拒绝爱的方式来威胁孩子，也不应该以"如果……，我就不爱你"或者"直到你……，我才会爱你"这种话语来为爱设定条件。

案例 51 即使我不喜欢你做的事情，我也仍然爱你
接纳孩子的同时，要坚持规矩与限制

有的家长担心，如果无条件地接纳孩子，孩子将失去奋斗的目标。但是，孩子是在为自己的目标和成就而奋斗，而不是为了获得父母的接纳和爱去努力。

然而，无条件地接纳孩子并不意味着容忍孩子不恰当或不负责任的行为。父母应该接纳孩子本身，同时拒绝孩子错误的行为，并且坚持原则。

六岁的杰森总是把自行车扔在车库行车道上。爸爸一再要求他把自行车收好，并解释说他担心有一天开车时不小心碾到自行车，但是杰森总是把爸爸的话当作耳边风。

果不其然，事情发生了，一天爸爸感到车轮下发出了可怕

的嘎吱声。

爸爸进门时怒火中烧，但他努力控制住自己的脾气。杰森不知道发生了什么，跑上前去拥抱爸爸。

爸爸弯下腰回应儿子的拥抱，顺势把杰森抱了起来。"我想带你看样东西。"爸爸严肃地说。他把杰森抱到窗口，杰森看到被压坏的自行车。

"哦，不！"杰森意识到发生了什么事，大哭起来。他紧紧地搂住爸爸的脖子，把脸埋在爸爸的肩膀里。

"你把自行车放在行车道上了。"爸爸的话简洁明了，杰森点了点头。爸爸抱着他，接着说："这就是我担心的事情。"爸爸把杰森放下来，蹲下来直视着儿子的眼睛说："现在你知道这么做的后果了吧？"男孩流着泪点点头。"走，我们过去看看情况吧！"爸爸说，又补充道，"也许能修好。"

在这个案例中，爸爸给杰森的信息是："即使我不喜欢你做的事情，但我仍然爱你，并且会帮助和支持你。"

案例
52 为了女儿，我时常有意识地表达我的爱意
爱孩子，就要毫无保留地让他知道我们在乎他

孩子不仅需要父母用语言表达爱意，更需要父母通过拥抱、亲吻、温柔地轻拍和相互依偎来表达爱。

在生活中,渴望身体接触也是我们最基本、最普遍、最强大的需求之一,无论是刚出生的新生儿还是年迈的祖父母,都是如此。研究已证实人们早就知道的事实:爱的触摸有神奇的治愈力量。身体经过必要的医学治疗后,带有温暖和爱的触摸可以帮助身体更快痊愈。

孩子需要父母的爱抚,坐在父母的怀抱中可以让需要安慰的孩子平静下来,无论他是膝盖擦伤了还是感情受伤了。有时候,一个温暖的拥抱或轻拍就能帮助孩子抚慰和恢复情绪。

向孩子表达爱的重要性怎么强调都不为过。在育儿课堂上,一位母亲承认:"我一直感到很内疚,因为自认为对孩子爱得不够多,准确地说,我对孩子表达的爱不够多。"

有些父母需要得到帮助,学习如何向孩子表达爱。

一位学员妈妈描述了自己的童年经历,她的原生家庭氛围冷淡,成员之间关系疏离,彼此之间沉默寡言。她知道父母虽然很爱她,但从来没有向她表达过。当她成为母亲后,于是继续这种家庭互动模式。她非常爱自己两岁的女儿,可是她天性不愿意表露感情。

出于母亲对女儿需求感知的敏感天性,这位妈妈决定打破原生家庭的恶性循环,学习如何表达心中的爱。

她有意识地抱起女儿,为她朗读的时候紧紧依偎着她,在女儿上下秋千时拥抱她。她每天都找很多机会向女儿表达爱,这是她从未从父母那里获得的。当她练习了几周后，在育儿课堂上讨论时，她说："你知道吗，一开始我是为了孩子，但现在发现这么做对我也很重要。"

父母向孩子表达爱意，对孩子来说至关重要。孩子需要父母说"我爱你"，并伴随身体接触来确认自己是被爱的。父母坚持不懈地向孩子表达爱意能让孩子充分感受到爱，这种表达永远都不能停止。

父母的夫妻之爱，是孩子学会爱人的最直接的参考

父母对待彼此的方式，以及如何关心对方，都会成为孩子的榜样，教会孩子在家庭生活中如何接纳和关爱他人。孩子是敏锐的观察者，通过观察父母的行为来学习婚姻生活。事实上，我们对待配偶的方式为孩子的生活设定了一种模式，这可能是影响他们未来成功、个人成就和幸福的重要因素。父母在日常生活中的关系模式会成为孩子未来婚姻生活的参考。这种关系模式无论好坏，都会影响孩子未来的择偶标准，成为孩子未来家庭的参照模板。

幸福的婚姻没有神奇的秘诀，但我们必须尽力为孩子树立

爱的榜样。一段成熟而健康的两性关系包括给予和接受的平衡，接纳彼此的优点和缺点，以及给予对方温柔、关心和同情。孩子会亲眼看见父母如何彼此关心和相互支持，也会看到父母无法做到的时候。当父母彼此尊重、相互支持，以温暖和关爱的方式对待彼此，彼此分享兴趣和价值观，同时彼此接纳对方的差异时，我们就教会孩子如何建立和维持幸福的婚姻。

在父母的爱中，孩子了解自己值得被爱，也有能力给予爱

那些确信自己被接纳、被爱的孩子拥有一种内在的力量，这种力量帮助他们追求自己的目标，与人建立良好的关系。如果被温情、关心、接纳和爱包围，孩子就会懂得如何爱自己。孩子长大后，知道自己值得并期待被爱，还能在接受爱的同时给予他人关爱，并维持爱的关系。不管未来要经历什么，对于孩子来说，没有什么比这更重要。

chapter 12

如果孩子生活在赞许中，
他们将学会自爱

父母的态度塑造孩子的个性。通过对孩子的言行表达赞同或反对，鼓励孩子做父母认为正确的事情，父母就在向孩子传递自己的价值观。同时，孩子也会知道什么行为是好的，并且在个性、人格及行为方面向更有益的方向发展。

如果因为太忙碌而无暇关注孩子，或者对孩子的成长习以为常，我们就错过了培养孩子品质和行为的机会。正是通过日常小事，有助于塑造孩子的个性品质。

案例 53 你真体贴，谢谢你

提醒自己留意并认可那些塑造孩子性格的"小事"

一天下午，爸爸下班回到家，七岁的斯蒂芬在门口迎接爸爸。他把手指放在唇边，一本正经低声地对爸爸说："嘘，妈妈在睡觉。"

"谢谢你这么体贴！"爸爸轻轻地回答道，给了斯蒂芬一个拥抱。

我们可以充分利用这样的时刻，无须花费太多的时间。事实上，一句简单的赞赏或表示赞赏的动作就能发挥作用。

妈妈一直在书桌前工作，她发现家里出奇的安静。她悄悄地走进丽贝卡的房间，发现五岁的女儿正在轻轻地摇着洋娃娃的摇篮。

丽贝卡抬头冲着妈妈微笑，妈妈给了她一个飞吻，竖起大拇指。妈妈回到自己的办公桌前，感到特别高兴，丽贝卡是一个如此可爱、温柔的"小妈妈"。而且，妈妈更欣慰丽贝卡能独自玩耍了。

我们不想错过孩子的这些成长时刻，但是在忙忙碌碌的日常生活中，这些成长时刻常常被我们忽略。我们应该不断提醒自己，珍惜生活中这些成长时刻，发挥这些时刻的价值。

案例 54 你真是帮了大忙

通过认可孩子的行为，传承家庭价值观

父母的赞赏可以帮助孩子培养自我意识，帮助他们建立积极的自我形象和健康的心态。我们越是关注孩子的优点，就越容易培养孩子美好的特质。

爸爸说："奶奶今天来家里的时候，你真是帮了大忙。你扶奶奶从沙发上站起来，我非常高兴。"

"是吗？"八岁的布拉德惊讶地问。他没想到爸爸注意到这件事,事实上,他自己都没想那么多。

通过关注和认可儿子善良体贴他人的行为,爸爸就是在教育儿子,对他人友善体贴是非常重要的。通过这种方式,家庭的价值观代代相传。

案例 55 你真是体贴又慷慨

认可孩子不自知的人格特质,能增强他的自我认同感

有时候,我们关注和赞许孩子的某些品质,让他们学会欣赏自己都没有意识到的优秀品质。

七岁的阿曼达学会用刺绣线制作手链的新方法。所有的朋友都喜欢她制作的新手链,阿曼达开始为朋友们制作手链,并为每个女孩挑选合适的颜色。

对于阿曼达的这种行为,妈妈可以从很多方面表达赞赏。她可以夸奖阿曼达的艺术能力:"你的手链真漂亮。你对色彩的感觉真棒!"还可以关注手链的商业潜力:"这些手链太棒了!我相信在工艺展览上一定会销售一空!"但是,这次妈妈选择关注阿曼达的慷慨。"你想得真周到,为每一个朋友做了一个特别的手链!"妈妈说。

妈妈通过选择夸奖阿曼达的慷慨行为，远比仅仅夸奖阿曼达的兴趣爱好更有意义。这样能让阿曼达明白，妈妈对她的慷慨和体贴行为感到自豪，为阿曼达认可和珍视自己的慷慨和体贴行为打下基础。

当然，不同的家庭有不同的价值观，不同的父母赞赏孩子的方式和角度不同。父母帮助孩子发展自己的价值观，学会肯定自己，就是帮助孩子发展自我意识及形成道德观。

案例 56 我们讨论一下解决办法
从生活小事学习和父母协商，为自己的每个决定负责

每个家庭都有自己的家庭规则，从晚餐礼仪到客厅需要保持的整洁程度，再到睡前的仪式活动，父母和孩子共同遵守约定，这些规则使家庭成员之间和睦相处。规则把家庭的各种事务连在一起，帮助孩子和父母满足彼此的期望。

遵守某些家庭规则是毋庸置疑的，比如坐车时要系安全带，滑旱冰时要佩戴护肘和护膝，天气冷的时候出门要戴帽子，诸如此类。其他的家庭规则可能是为了提高效率或保持秩序，而且具有一定的弹性。比如晚饭后要把碗碟放进洗碗机，出门前要把玩具收拾好，完成家庭作业后才可以看电视。在制定和协商这些家庭规则过程中，孩子越多参与其中，他们就越

能配合遵守规则,当他们没能遵守规则时,他们也能接受父母的批评意见。

家里建立了行为准则,孩子们对事情的发展就会有正确的预期,感到安心自在,也更容易理解他人对自己的期望。他们知道,遵守家里的规则,就能得到父母的赞许,虽然有时我们并没有说出口。如果父母离婚了,孩子需要学习和遵守两套不同的家庭规则,在家庭规则的指导下,孩子会生活得更轻松。令人惊讶的是,父母在对待弹性的规则表现出来的复杂反应,孩子们也能透彻地理解,并转换成自己的语言。一天,比利对朋友说:"这件事情,我要问问妈妈。如果她说,'我们看看吧',我们就有戏;如果她说,'我们得先去问问你爸爸',那就没指望了。"从比利的话中,我们能看出孩子完全能够把握家庭中隐形的潜在形势。

孩子每天会有许多事情向父母提出请求。有时候,孩子认为父母肯定会接受,就会简单地提出请求。

阿蒂在后门大喊:"妈妈!我要去隔壁看新来的小狗,可以吗?"妈妈还没来得及回答,就听到"砰"的一声门关上了。妈妈知道,阿蒂的做法遵守了妈妈想知道他在哪儿的规定,即使他只是去隔壁邻居家。

有时候,批准孩子的请求有些复杂,需要父母和孩子共同协商。

星期六的下午，朋友邀请十一岁的玛丽安去看电影。但是她整个星期都没有打扫房间，家里的规则是周末只有打扫完房间后才可以出去玩。可是现在玛丽安没有时间打扫房间，但她真的很想和朋友一起去看电影。

妈妈和玛丽安坐下来讨论解决方案。妈妈同意玛丽安这次去看电影，但她必须先花十五分钟打扫一部分房间，并且保证看完电影回家后把房间全部收拾完。母女俩还谈到为什么要坚持按时完成常规任务，而不是拖延到最后一刻。玛丽安可以和朋友去看电影，通过这件事情，她也意识到自己的拖延行为确实不好。

如果孩子在小时候就学会了讨论并遵守家庭规则，那么当孩子步入青春期后，面对复杂情况时，父母处理起来就会更容易。当十几岁的孩子对你说："我放学后要和朋友们一起出去，估计会晚点回来。"这时，你无须对孩子严加追问，只需弄清楚孩子是跟哪些朋友一起，要去哪里，如何去，以及"晚点回来"指的是具体几点钟。

如果可以的话，最好从认可孩子提出解决问题的方式入手。比如，"我很高兴你能把这件事情告诉我们，一起商量"这句赞赏的话语可以营造一种积极的氛围，帮助孩子把请求批准看作一种为他人考虑的体贴行为。这么做还间接地向孩子传达了这样的信息，即父母与孩子的关系是一种合作关系，父母会满足孩子不断增长的独立需求，同时需要保护孩子免受伤害。

这样，当孩子在制订计划时，也会用新的眼光看待自己。因为孩子知道父母期望自己按照父母认可的方向发展，除非亲子关系到了无可救药的地步，大多数孩子都希望得到父母的赞许和认可，即使是在最叛逆的青春期也不例外。

孩子学会遵守规则，并在家庭规则下生活，孩子就能走向更广阔的人际圈，适应学校生活和工作环境。最终，规则意识帮助孩子在社会中做好立足的准备。通过在家庭的经历，孩子们逐渐明白，法律规则是人们共同达成的协议，能保证事情顺利完成，为每个人提供安全和保护。孩子们会明白，无论是个体之间还是国家之间，只有规则才能保证世界正常运转。

案例 57 决定要做对的事！

因为自尊自爱的内在力量，让孩子打从心底拒绝做坏事

当我们表示赞成或反对时，就传达出是非对错、孰优孰劣的价值观。即使我们没有明说，孩子也能敏锐地捕捉我们对待事物的态度：赞同什么或不赞同什么。但这并不意味着，孩子会一直按照我们的态度行事。随着孩子逐渐成长，他们会形成自己的判断标准和价值观，并非总是和我们一样，这会令人有点失望。

如果我们的孩子成长为一个有责任心的人，以负责和正确的价值观做决定,无论我们是否同意孩子做的每一个具体决定,我们都应该为他感到高兴。

特别是在青春期,同龄人会成为孩子生活中的主要影响因素。我们不能一直陪伴孩子,也不能保证他们把所有的事情都处理得完全正确。这就是为什么在孩子成长的过程中,父母应该明确且坚定地教会孩子必须按照道德标准来做判断,否则孩子不愿服从。只有在坚实的道德基础下,轮到孩子自己做选择的时候,他们才能做出正确的决策。

我们行为的示范作用至关重要。我们告诉孩子说谎是不对的,如果他们对我们撒谎,就会得到惩罚,但如果孩子听到我们请病假不去上班,然后跑去看棒球比赛,他们会怎么想?如果我们想让孩子保持高标准的道德行为,就必须以自己为榜样,尽管做起来并不容易。

我们希望孩子学会自爱,培养积极独立的自我意识,不受他人看法的影响。我们希望孩子正确地评估自己的行为,并采取相应的行动。

十二岁的布鲁斯经常去附近的杂货店买东西,有时是替妈妈跑腿,有时给自己买零食。布鲁斯知道有孩子在店里偷东西,尤其是那个"笨店员"值班的时候。

一天,当布鲁斯走进商店时,他想买一份快餐,但手里的钱只够买妈妈想要的牛奶和鸡蛋。他知道要偷东西很简单,因为那个"笨店员"正在埋头读一本杂志。

但是，布鲁斯决定不占这个便宜。他知道父母对偷窃行为非常反感。担心父母反对的念头可能会让他产生一丝犹豫，但这并不是他没有偷窃的主要原因。因为对于十二岁的布鲁斯来说，"偷窃是一种错误的行为"这种观念已经内化为他的道德感，他懂得要做正确的事情，尽管做坏事很诱人。为了保持内心的平静和自我的道德感，布鲁斯抵制了偷窃的诱惑。

父母对孩子行为的认可是有限的。我们需要帮助孩子培养自尊，这样他们就可以按照自己的方式珍爱自己，在面临不可避免的外界压力时，坚持自己认为正确的事情。

案例 58 教孩子喜欢自己、享受自我

别人的认可是一时的，远远比不上自己认可自己

当被问到对孩子的期望时，大多数父母会回答："我只是希望孩子快乐。"自爱是获得幸福必不可少的因素，自爱的孩子往往更自信，而不是任性。他们能与他人建立更温暖、更稳定的关系。在他们长大成人后，他们的孩子也会像他们一样。

五岁的劳瑞尔正在和奶奶玩化装游戏。每次她从假想的试衣间里出来，奶奶都会拍手鼓掌，并提出新衣服的问题。

"这次你要去哪儿?"奶奶问道。

劳瑞尔穿着妈妈的高跟鞋,跟跟跄跄地走出来,努力做出一副庄重的模样,回答道:"去舞会。"

"那王子会爱上你吗?"奶奶问。

劳瑞尔看了看奶奶,歪着脑袋想了半天,说:"也许吧!"看来她并不关心这个问题。然后劳瑞尔双臂交叉,紧紧抱住自己,冲到奶奶怀里,咯咯地大笑起来。能否被王子爱上并不是什么重要的事情,劳瑞尔对自己很满意。劳瑞尔的笑声颇具感染力,奶奶也跟着高兴地笑了,因为孙女懂得自爱,将来一定会过得很幸福。

作为父母,我们和孩子一起制定的家庭规则反映了价值观。这些价值观是父母对孩子的期望,帮助孩子学会辨别是非对错,自我塑造。如果我们对孩子有切合实际的期望,坚定原则且灵活变通,和孩子一起制定家庭规则,尊重孩子的想法,并把孩子的建议纳入家庭规则中,孩子就容易得到父母的认可。在这样一个充满支持和爱的家庭环境中成长,孩子能自由地绽放出最好的一面,并获得一份非常重要的礼物:父母爱的是独一无二的自己。这份礼物为孩子成长为高自尊感的成年人奠定了扎实的基础。

chapter 13

如果孩子生活在认可中，他们将拥有目标

你可曾在闹钟、浴室镜子或门上贴过小纸条呢？你有没有发现，和大多数人一样，你已经习惯了那张小纸条的存在，以至于对它熟视无睹了？这就是为什么冰箱门上"请勿打开，有害健康"的警告贴不起作用，因为我们停止了关注。

同样，我们很多时候没有关注孩子。每天我们都忙于生计，以至于忽略了孩子。虽然我们每天接送孩子，给孩子做饭，关注孩子的一言一行，可是忙碌的我们却没能停下来真正和孩子交流。

"认可"这个词的意思是"重新认识、重新观察"。孩子们成长和变化的速度太快了。转眼间，小婴儿就变成蹒跚学步的孩子，小小少年长成高大的青少年。孩子就在我们的目光下逐渐长大，我们由于过于忙碌而没有跟上孩子成长的步伐。因此，我们需要不断重新认识孩子，就像第一次见到他们一样。

案例 59 我没有那种树叶，我想收集它

关注是倾听孩子的话、留意他微小的成长

其实认可孩子并不困难，只要花点时间关注他们就可以。父母关注孩子就能够滋养和安慰他们，给他们力量和鼓励。

秋季的一天，四岁的艾丽莎跟妈妈一起在公园散步，她拽着妈妈的袖子说："我们去那边可以吗？我想要捡一些大树叶。"

"但是，亲爱的，那边的草地是湿的，并且你已经捡了很多树叶了。"妈妈说。

"但我还没有那种树叶，我想要收集。"艾丽莎很坚持。

妈妈低下头惊讶地看着女儿。她知道艾丽莎在捡树叶，也没往心里去，可是她并不知道艾丽莎在收集树叶。事实上，她非常惊讶艾丽莎有"收集"的概念。妈妈这才发现艾丽莎给自己做了计划，并坚持实施自己的计划，女儿独立自主的能力正在萌芽。于是，妈妈停下脚步，开始欣赏艾丽莎手中的树叶，看着她穿过草地，向一棵老橡树跑去。在回家的路上，母女俩谈论各种树木的名字，以及每一片树叶是如何形成特有的颜色和形状的。

如果我们愿意花时间用心观察我们的孩子，听听他们在说什么，看看他们在做什么，聊聊他们在想什么。那么，当孩子在为实现目标而努力奋斗的时候，我们就更容易发现和欣赏孩

子的努力和成绩。深入了解孩子,有助于父母判断什么时候该放手让孩子自己成长,什么时候该伸出援手。

案例 60 孩子的成果需要被认可和接受

协助孩子发展自信和"做得到"的态度

从我们第一次不把玩具直接给孩子,而是让他自己想办法爬过去,千辛万苦去拿到玩具开始,我们就是在教育孩子,有目标是件好事。当孩子自己尝试拿玩具时,我们在旁边为他加油,当孩子终于把玩具拿在手里时,我们为他欢呼,就是在认可孩子的努力。

等孩子长大一点,树立目标并实现目标能帮助他们建立自信心,培养"我能行"的自我肯定态度。作为父母,我们的责任是帮助孩子明确目标,并确保目标切实可行。我们应该帮助孩子检查目标的可操作性,帮助孩子在天马行空的目标中找到切实可行的切入点。当孩子努力朝着目标奋斗的时候,我们应该提供鼓励和支持。

无论是谁,要想实现目标首先要明确想实现的目标是什么。下一步就是把目标分解成若干个小步骤,并确定需要完成的事项。我们教孩子按照这种方法实践时,就等于帮了孩子大忙。当孩子按部就班地推进这些小步骤时,他们就学会了如何先完成"步骤A",再推动"步骤B"的发生,然后为"步骤C"创造条件。最终,孩子就会发现:所有的步骤完成后,目标就实现了。

这种做法听起来可能很简单,然而很少有人首先明确需要采取的步骤。大多数人会轻率启动项目,根本就没有花时间精力做计划。这样,人们做事情就容易目标分散,半途而废,失去方向,最后失去努力的重点和动力。对孩子来说,这不是什么好的学习榜样。如果我们一开始就制定步骤策略,并坚持完成项目,和孩子分享任务进展,当我们完成任务,和孩子庆祝成功时,就是为孩子树立了更好的榜样。无论是粉刷房子、种植花园,还是缝制被子,孩子通过观察我们计划和执行项目的方式来学习。

过程和结果一样重要,懂得这个道理不仅可以帮助我们在实现目标的过程中有条不紊,也可以提醒我们,当孩子在努力实现目标时,在摇摇晃晃蹒跚起步时,我们要给予孩子足够的赞赏和尊重。

五岁的杰奎琳想帮助父母铺床,给父母一个惊喜。她在卧室的床边忙前忙后,想方设法地把床单铺平。

爸爸妈妈非常感激她,说:"你做得真棒!真是帮了大忙。"杰奎琳听后,高高兴兴地跑出去玩了。爸爸走到床边,伸出手要把床单的一角铺平。

"别碰！"妈妈笑着提醒爸爸，"杰奎琳的成果需要被认可和接受。我们别毁了它。"

"你说得对。"爸爸表示赞同。他也意识到欣赏女儿的努力比拥有一张平整的床单更重要。

案例 61 通过引导性问句，协助孩子做长远准备

练习、练习、再练习，让孩子体会努力和结果之间的关系

有些孩子可以看出努力和结果之间的联系。他们很早就知道，对于弹钢琴、做运动、打棒球或任何其他喜欢的活动项目来说，只要多练习，技能就会越好。而对于有些孩子来说，他们很难发现其中的联系。这些孩子由衷地钦佩成功人士，并问道："你是怎么变得如此优秀？"他们不明白坚持不懈的行为会产生累积效应。对这些孩子来说，成功似乎遥不可及。

我们应该让孩子看到具体行为之间是如何相互影响的，而不是人们需要"神话"来实现目标。

伊丽莎白和克拉拉十二岁了，她俩正准备参加曲棍球夏令营。她们知道，接下来的两周，整天都将在球场上度过。克拉拉在开营前一个月就开始锻炼身体，慢慢地训练提高耐力，到开营时她每天能跑大约三英里。伊丽莎白却认为，夏令营开营

一开始，自己很快就能适应紧张的日程。

伊丽莎白的妈妈担心女儿遭受挫折，但是她了解伊丽莎白的个性：不喜欢别人告诉她该做什么。于是，她决定向女儿提几个问题，通过引导性的提问帮助女儿自己思考如何提前做好准备："你们夏令营一天要训练几个小时啊？""夏令营的指导手册里有关于如何做好开营准备的建议吗？"妈妈从来没有说："你必须开始训练了。"或者表现出自己好像比女儿懂得多。相反，她协助伊丽莎白思考提前准备要做什么。母女俩一起讨论夏令营将要发生的事情，以及如何做好开营准备。在妈妈及时且含蓄的引导下，伊丽莎白觉得自己应该开始训练身体来保持体能。

案例 62 你现在还能做点什么呢？

为目标而储蓄，学到存钱和赚钱的诀窍

支配零花钱往往是孩子第一次学习"金钱的价值"，孩子们开始了解各种物品的价格，学习如何养成良好的储蓄习惯及为某个目标存钱。让孩子学习管理自己的金钱，他们很快就会明白，如果这周不买糖果，以后就可以买一些真正有用的东西，比如轮滑鞋、游戏机、洋娃娃或自行车，让孩子拥有独立决策权。

当孩子一心想拥有某个玩具或电子游戏机，父母不同意购买的时候，拥有零花钱的孩子知道这并不意味着最终的决定。有零花钱的孩子拥有更大的话语权，还能减少与父母在花钱问题上的冲突。

关于如何给孩子零花钱，不同的父母有不同的观点。在一些家庭，孩子们通过完成某些家务来赚取零花钱。在某些国家，零花钱与家务活没有关系，但孩子们可以通过完成额外的任务得到零花钱。我个人的观点是，零花钱不应该被看作孩子们做家务活的报酬，比如布置或清理桌子、倒垃圾或喂狗。我们希望孩子认识到，作为家庭成员，他们应该尽自己的一分力量帮忙做家务。给孩子零花钱应被视为分享家庭收入的一种方式，这样就能让孩子明白自己是家庭中重要的一员。

十二岁的萨姆攒了好几个月的零花钱，目标是买一个滑板。他的父母并不认为滑板是必需品，所以他们让萨姆用自己的零花钱购买。萨姆勉强接受了购买滑板是自己想要而不是"必需品"的事实。可是萨姆努力攒到四月，还差二十美元，他变得很沮丧。

"你这个冬天攒下了不少钱呀！真不错。想想看，你现在还能做点什么来赚取剩下的钱呢？"萨姆的爸爸问。

"嗯，可是现在给院子除草有点太早了。"萨姆沮丧地回答。

"是的，不过现在可是洗车的最佳时机，汽车在冬天里积的灰尘和污垢，需要清洗。"爸爸指出。

萨姆眼睛一亮，"是啊！那就赶紧为迎接春天做好准备吧！"萨姆在社区附近发了一些传单，立马接到了六辆车的订单，他甚至雇了弟弟来帮忙。

萨姆在实现买滑板目标的过程中，爸爸给予了巨大的支持，帮助萨姆了解自己已经完成的任务，然后确定接下来的目标。通过这次经历，萨姆学会了如何存钱和赚钱，更重要的是他学会了不放弃自己的目标，坚持不懈找到实现目标的方法。

案例 63 我们亲手做的！一串只要 50 美分

帮助孩子达成目标，鼓励孩子的乐观态度

我们希望孩子对梦想和目标抱有乐观、自信的态度。在实现目标的过程中，总会有令人沮丧的时刻，但通过帮助孩子了解目标的每个步骤，并鼓励孩子在挫折面前坚持下去，我们就能帮助孩子保持积极的态度，实现自己的目标。

作为父母，我们要抓住机会肯定和认可孩子，鼓励他们保持乐观的心态。

一天下午，门铃响了，我打开门，看见门外站着四个笑容灿烂的孩子（邻居家八岁的女孩和她的三个朋友）。她们每个人手里都拿着好几串用五颜六色的纱线做成的链子，链子的一端

系着陶土珠子，另一端系着亮晶晶的玻璃珠子。"这是我们亲手做的！每个人都应该拥有一串，只要50美分！"孩子们说。她们的热情简直令人无法抗拒，于是我买了两串。

我把这两串链子挂在餐厅的窗户上。早晨的阳光照射在玻璃珠上，五彩斑斓，闪烁着美丽的光芒。这是什么链子？我买它们是用来做什么？我不知道。购买这些链子就是想鼓励孩子们的创业精神，让她们知道拥有目标是件好事。我把链子挂在餐厅，看着这些链子让我发自内心地开心，也能给我鼓励。

chapter *14*

如果孩子生活在分享中，
他们将学会慷慨

生活在一个家庭中，意味着要彼此分享时间、空间和精力。无论是使用卫生间、玩玩具、坐车，还是家庭开销方面，如果孩子有与家庭成员合作和让步的经验，就意味着他们懂得与人分享。如果父母慷慨地与他人或孩子分享，就是在教育孩子学习慷慨大方。真正的慷慨不是"教会"的，父母无私慷慨的榜样行为却能潜移默化地影响孩子，孩子会明白父母希望他们也这么做。

我经常听到父母要求年幼的孩子"必须"分享，认为这是"教"孩子如何分享，但实际上是在教他们按照父母所说的去做，这样孩子无法学会慷慨精神，而恰恰是这种慷慨精神让人们乐于与他人分享。

案例 64 你们打算一起画什么？

教孩子分享，从"不需要个人牺牲，反而有更多好处"开始！

坦诚地说，大多数父母希望孩子与人分享的原因是，不希望别人认为自己的孩子是自私的人。

事实上，培养孩子无私的品质取决于其认知能力的缓慢发展。在不断成长过程中，孩子学会考虑他人的感受和需要。年幼的孩子不愿意分享，因为他们还无法设身处地为他人考虑。培养孩子为他人考虑的能力是一个缓慢长期的过程，一直延续到孩子长大成人。

让我们想想在摇篮里的婴儿，他"拥有"宇宙中的一切，爸爸妈妈都是自己的。刚出生的婴儿根本就不能将自己与父母区分开。当孩子能够认识到自己与母亲是相对独立的个体时，那是他成长的一个里程碑。

因为不能真正理解其他人的观点，他们只有自己的观点，所以年幼的孩子表现得自私是很正常的。他们什么都想要，而且现在就要。所以，如果你的孩子有这样的表现，该如何应对呢？其实，世界上多数的孩子都是如此。作为父母，我们的责任就是在生活中一点一滴地引导孩子学会无私。

想要孩子学会分享精神，最好从无须个人牺牲的分享行为开始。你可以在孩子很小的时候开始培养，从孩子坐在婴儿椅上，或在蹒跚学步时开始培养，父母可以通过向孩子强调输入某些关键词汇，让孩子慢慢理解分享的概念。比如，"我们来分胡萝卜，你一个，我一个。"或者"妈妈拿一块饼干，爸爸拿一块饼干，宝宝也拿一块饼干。"

随着孩子逐渐长大，我们应该教给孩子更多关于分享的知识。比如家里来了客人,好吃的食物要先分享给客人,以及轮流分享好东西等。

年幼孩子开始的社交生活,就是在同龄的小伙伴身边独自玩耍,这就是心理学家所说的"平行游戏"。也就是说,他们享受彼此的存在,并且关注彼此,但彼此之间不怎么互动。大约到了两岁半,孩子们才真正开始一起玩。这时,孩子才做好了尝试分享的准备。

两岁半的托马斯正在玩一组木制卡车,同年龄的大卫走过来,把其中一辆卡车拿起来。托马斯立刻从他手里抢过来。在这时,成年人通常会介入,让孩子分享玩具,但其实最好的做法是让孩子们自己解决。

如果托马斯拒绝分享玩具,他会失去这个玩伴。如果托马斯一个人玩了很长时间的玩具,就会发现其实和小伙伴一起玩才更有趣。在这种情况下,父母可以建议托马斯,大卫也许愿意和他一起玩玩具,但如果托马斯拒绝这个建议,父母也不应该强迫他。我们还可以告诉大卫,或许托马斯需要过一会儿才愿意和他一起玩玩具,并给大卫再找另一个玩具。

虽然我们希望孩子与他人分享,但也应该尊重孩子自己做选择的权利。因为我们希望孩子能与人分享,是出于自己真心实意的选择。在这个过程中,孩子天生的好奇心往往能发挥作用。

被托马斯拒绝后,大卫开始玩一艘"诺亚方舟"的木船,船上有很多漂亮的动物。托马斯被大卫的新玩具吸引了,尤其是船上的动物,看起来大卫和它们玩得非常开心。托马斯饶有兴趣地看着大卫玩得越来越起劲。最后,他走到大卫面前,抱着自己那几辆玩具卡车,他把一辆卡车放在大卫的木船上。大卫回赠给托马斯一对斑马,让他把它们放进托马斯的卡车里。这样,孩子们就懂得小伙伴一起玩比一个人玩更有趣。

随着孩子长大,我们希望他们能自发地与他人分享。然而,我们不能仅仅依靠孩子的善意。分享需要让孩子觉得有益,而不能让孩子感到自己遭受损失。这时,父母通常可以设置一些场景,使分享成为有吸引力的选择。

一天下午,四岁的安迪去好朋友杰夫家玩。杰夫的房间里摆满了各种各样的玩具。安迪看见杰夫在画架上放了一张白纸,走上前去说:"我也想画画。"杰夫的第一反应是抱住自己的水彩笔。眼看冲突一触即发,杰夫的妈妈马上拿来另一些水彩笔和一张很大的图画纸。"给,孩子们!"她说,"你们一起在这张大图画纸上画画好吗?"男孩们听了都很高兴,因为分享意味着他们得到了更大的纸和更多的水彩笔。杰夫妈妈的做法让孩子们更乐于分享。

在进入幼儿园之前,大多数孩子已经掌握了分享和拥有的基本概念。这个年龄的孩子能够理解"拥有""使用""借用"之间的区别。他们知道哪些物品是自己的,哪些物品是别人的,哪些物品是公共的。而幼儿园里孩子们疯狂的喊叫声,比如"是我的!""不,是我的!""不对,那是我的!"此起彼伏的时候,正是孩子们忙着学习如何与他人分享,这可是学龄前儿童的主要学习任务之一!

当然,父母必须清楚,孩子的某些物品,比如毛绒泰迪熊、特别的毯子等,对孩子有特殊的意义,或许这些物品意味着温暖、舒适、爱和安全。当孩子们和特别的物品在一起时,他们会有深深的归属感,就像躺在妈妈怀里一样。家庭中的每位成员都要尊重孩子的这些物品,不应该要求孩子分享自己珍爱的物品,也不应该扣留这些物品或者嘲弄孩子。如果珍爱的物品被兄弟姐妹及来访的朋友抢走时,绝不应该强迫孩子分享给他人。我们可以向对方解释,有些东西是不能分享的,他们可以找别的东西玩。

记住,孩子珍爱的"旧毛毯"在他心中不会因为时间久远而褪色,有些泰迪熊甚至会被带去上大学,陪伴孩子度过漫长的岁月!

案例 65 或许小宝宝睡觉时，我们一起玩游戏

第二个孩子出生后，尽量给予每个孩子属于他的特别时光

对于年幼的孩子来说，最困难的事情之一就是不得不面对第二个孩子的出生，父母对其关注减少的事实。第一个孩子会感到自己被夺走了某些东西。事实也的确如此，父母要兼顾两个孩子的需要，忙着照顾两个孩子，耗费的时间和精力大大增加。

当得知自己将要有个小弟弟，四岁的达里尔刚开始非常兴奋，他盼望能成为家里的"大哥"。然而，小婴儿从医院里抱回来后，事情并不像他想象的那样。

"现在你也不跟我玩了。"他向妈妈抱怨道。

"你说得对，达里尔。"妈妈叹了口气，她已经累得筋疲力尽，"因为刚出生的小婴儿，家里一切都发生了变化。也许今天下午我们可以在小弟弟睡觉的时候一起玩'滑道和梯子'的游戏。"妈妈嘴上说着，其实心里希望下午能睡个午觉。

因为第二个孩子的出生，达里尔的父母提前帮他做好了心理准备，并贴心地向这位好哥哥表达感激之情。每天父母都会尽量抽出时间陪达里尔单独待在一起。所有来拜访的家人和朋友都很关心达里尔，不少人甚至给他带了礼物。所有这些都有

助于缓解达里尔强烈的不安情绪，但这并没有改变他已经失去作为独生子的特权，而且他现在不得不面对的事实是，自己和一个无时无刻不需要父母的婴儿分享关心。成年人会认为这就是生活，但对达里尔来说，这非常不公平。我们不能让婴儿变回去，但我们可以认真倾听孩子的心声，认真对待孩子的感受，尽我们最大的努力安排时间和他们单独相处。

案例 66 让我们一起共度美好时光

无论孩子多大，"抽出时间与孩子相处"最好摆在第一位

真正的慷慨意味着敞开心扉，付出而不求回报。我们慷慨付出，是因为对方需要，而且我们很在乎对方。或许慷慨付出意味着牺牲或带来不便，但我们不认为这是一种损失，因为分享本身就是一种回报。

其实，为人父母就是一种慷慨行为。我们为孩子付出是因为孩子需要我们。在孩子需要帮助的阶段，我们把自己的需求放在一边，给予孩子更多，满足孩子的需要。如果我们希望孩子立刻以某种特有的方式回报，那么得到的很可能是失望。支撑我们一直为孩子做出牺牲的，不是孩子的回报，而是从孩子出生那一刻起，我们对他们无比强烈的爱和关心。

对于孩子来说，父母给予的守护和关注是最重要的。我们

永远不要忘记，对任何年龄段的孩子来说，陪伴是最好的养育。然而，许多父母都陷入无法平衡时间的旋涡中，有时候陪伴孩子也很难做到。在工作、家庭、婚姻和孩子之间，很多人觉得"分身乏术"。对于单亲父母来说，这个问题更加棘手。

一位离异的父亲决定和十一岁的儿子共度美好时光。"让我们来做个行动计划吧！我们一起做点什么，好吗？"儿子的反应很谨慎，他怀疑地看着父亲，非常严肃地问："那会是什么样子？"

对于已经逝去的光阴，我们无法弥补。最重要的是，用有意义的方式来与孩子共度时光。在这方面，我们必须诚实地对待所做的选择。当我们对自己说："我现在要努力工作，投入更多的时间。取得一定成就后，就会有更多的时间陪伴家人。"这时候，也许我们是在自欺欺人，因为孩子在一天天地成长，当我们回过头来想要关注孩子，想要花时间陪伴孩子时，他们可能不再需要我们了，此时的孩子已经拥有了自己的生活。最明智的做法是始终把陪伴孩子放在首要位置，这说起来容易做起来难，经济和事业上的压力让我们很难取舍，很难把家庭和工作时间划清界限。不过，最重要的是要时刻谨记孩子一转眼就长大了，我们应该尽可能地陪伴他们。

案例 67 希望妈妈多参与他"现在"的活动

弹性调整时间分配，跟上孩子生命变化的脚步

有时候，我们以为自己是在陪伴孩子，但实际上我们忽视了与孩子的心灵沟通。

弗兰克的妈妈是教会少年团体的志愿者，工作非常积极活跃。当弗兰克参加教会少年团体活动时，妈妈每次都会陪伴左右，这让他感到很自豪。然而，随着不断长大，他加入了青年团体运动队，喜欢在周末参加运动队的活动，这时冲突就发生了。弗兰克的妈妈还是经常参加少年团体活动，而弗兰克在球场上，没有人在场外为他加油呐喊。弗兰克的妈妈是做事情有始有终的人，即便知道自己应该把更多的时间和精力投入陪伴弗兰克参加青年团体活动上，可是她对教会少年团体还是难以割舍。

"就连比利的妈妈都来了。"弗兰克抱怨道，"而他就是个候补队员。"

妈妈现在需要把时间和注意力切换到新的领域，因为弗兰克希望妈妈参与自己现在的活动。

我们的时间和精力有限，需要根据孩子的发展情况，不断地重新评估调整优先事项和应该参加的活动。花时间陪伴孩子，意味着应该灵活地根据孩子的需求进行调整。我们需要跟

上孩子不断成长的脚步,不仅在孩子小时候陪伴左右,在孩子长大后也要给予关怀守候。

案例 68 妈妈的电话好像比我更重要!

孩子有权每天拥有我们的关注,即使只有几分钟!

对父母来说,陪伴孩子的方式和时间一样重要。如果我们吝惜为孩子付出的时间和精力,那么传递给孩子的信息可能就是不情愿或不耐烦,而不是慷慨。

九岁的茉莉亚要在学校集会上表演诗歌朗诵,她想让妈妈帮她准备。"好的。"妈妈同意了,"但我们得快点,因为我还有几个电话要回。"虽然茉莉亚很高兴妈妈愿意帮忙,但她认为这样太匆忙了。更糟糕的是,她产生了一种沮丧感:自己的诗歌朗诵是无关紧要的,应该尽快弄完,而妈妈的电话才更重要。

当我们慷慨地花时间陪伴孩子,孩子就知道,父母愿意花时间陪伴自己,至少意味着自己和父母生活中的其他事情一样重要。尽管孩子终会认识到,不管自己多大,父母不可能把所有的时间花在满足自己的需求上,可是孩子每天至少应该得到父母几分钟的陪伴。虽然有时父母很难挤出几分钟的陪伴时间,但其实孩子的要求一点也不过分。

案例 /69 **当孩子愿意放弃游乐时间去当志愿者**

鼓励孩子遵循直觉帮助他人，就算有所牺牲也没关系

当孩子向那些有需要的人伸出援手时，他们就学会了更高层次的分享。学校经常会举办一些活动，比如感恩节的食品捐赠活动或圣诞节的玩具捐赠活动。通常，孩子很乐意参加这种分享活动，因为自己家里有足够多的食物和玩具，孩子们很容易理解缺少食物或玩具的人的难过心情。孩子不用牺牲任何东西，当自己与大家一起为他人付出时，他们能感受到分享善意带来的满足感。我们一定要利用这样的机会，让孩子体验通过分享帮助他人的乐趣。

一旦感知到他人的需求，孩子就会以最直接的方式来回应对方的需求。我们应该鼓励孩子遵从自己的内心意愿去帮助他人，即使可能会给我们带来不便，甚至某种程度的牺牲。孩子需要我们为他出谋划策，帮助他们解决问题。孩子也许会选择放弃玩耍的时间，做志愿者服务他人，把每周的部分零花钱捐献给慈善机构。有的孩子还能独立策划出令人惊讶的活动。

一个十一岁的男孩发起了给无家可归的人募捐毛毯的活动，后来该活动项目发展成为更大规模，为无家可归的人提供外套、热咖啡和三明治。随着活动项目的发展壮大，成年人虽然也为他提供帮助，但这个男孩始终是项目组织的核心人物。

他一直在最前线工作，运送毛毯和外套，还以发言人的身份出现在各个场合，呼吁捐款。

案例 70 谢谢你陪我，真的非常感谢你的帮助
当分享的种子开花结果，世界会变得更加美好

如果孩子成长在乐于分享的家庭环境，他们就能感受到分享的重要性及体验到给予的快乐。等孩子十几岁时，就能理解父母为自己的付出。于是，他们开始回报父母。

赛迪十五岁了，妈妈陪她复习单词到深夜。第二天早上，妈妈发现了赛迪的留言条："谢谢你陪我，真的非常感谢你的帮助。"

这种时刻让我们更坚定为人父母的信心。当孩子开始感激父母为他们做的一切时，我们就能确信孩子正在逐渐了解什么是"慷慨"。这是一个宏大的人生课题，需要花一辈子的时间去践行领悟。

我们希望孩子在成长过程中不计回报地为他人付出，为他人奉献能让孩子感受到关爱和归属感。我们希望孩子能与他人分享，为社会做贡献，奉献自己的时间、精力、关心和财富。并不是每个人都能做到慷慨，只有那些充实生活的人，才能让世界变得更美好。

chapter 15

如果孩子生活在诚实中,
他们将学会真诚

虽然大多数家长都认同诚实和真诚非常重要，但在日常生活中都不可能做到完全诚实。另外，如何做到诚实、在多大程度上诚实、在什么情况下诚实，是非常复杂且个人化的问题。很多人都会给孩子讲一些公认的虚构故事。有的父母认为，即便是讲这类童话故事也是不诚实的；有的父母认为，为了免费机票或电影票的优惠券，谎报孩子的年龄是可以接受的，而其他父母却不这么认为。不管我们的个人标准是什么，几乎所有人都说过一些"善意的谎言"，为了避免麻烦、节省时间，或者避免他人受到伤害。所以，即使是面临相同的处境，我们也不一定会采取相同的行动。毋庸置疑，有时候能否说出真相是一件模棱两可的事。

所以，如果成年人都不知道何时该说出真相，何时不该说，甚至要用谎言来掩盖，那么可想而知，孩子在面临这种处境时会多么困惑。孩子知道父母希望他们拥有诚实的品质，但他们又亲眼看见父母自相矛盾的行为。另外，孩子发现在某些情况下，自己的诚实似乎让父母更痛苦。那么，我们该怎样做才能让孩子学会诚实呢？

案例 71 这是怎么回事？

问"为什么这样做"比问"是谁"，让孩子更不怕说真相

首先，我们应该帮助孩子理解诚实和说真话不同：诚实涵盖广泛的行为，指的是人们真实地表达自己观察和体验事物，不歪曲事实，不主观臆断，不逃避和不否认事实；说真话指的是人们准确、清晰地传达看到和经历事实的能力。等孩子长大一些，我们应该培养孩子的判断力，判断在什么情况下不必说真话，或者至少要有所保留。孩子同样需要具备区分欺骗和善意谎言的能力：欺骗是故意，想要掩盖事实本身，而不是传达出现了错误。

即便是孩子感到不舒服或不太情愿，父母也首先要教育孩子认识并面对真相。父母们都希望孩子能全面而准确地表达出在特定情况下发生的事情和所做的事情。这就需要孩子具备一种能力，即能够辨别区分真实发生的事实和凭空虚构的事情。比如，自己一厢情愿的想法，对他人投其所好的念头，或者仅仅是想入非非的幻想。

那些没有如实描述事情经过的孩子，通常因为害怕说实话而被惩罚，想要保护自己或他人免受责罚。所以，我们可以创造环境：让孩子因诚实而受到嘉奖，即使他们做错了事情。处理这类事情，父母要掌握其中的平衡：一方面，我们不能让孩

子认为，无论自己做错了什么事情，只要说真话就可以。我们应该让孩子为错误行为承担责任，接受惩罚。另一方面，我们应避免孩子因为害怕父母对真相的反应而撒谎。

我们应重点关注发生的事情，而不是追究责任。

"网球拍昨晚怎么被放在门廊上的？"妈妈问两个女儿，一个九岁，一个十一岁，女孩们紧张地面面相觑，意识到自己惹了麻烦。

"嗯，"小女儿开始说，"我把网球拍从车里拿回来，同时手上还有背包和其他东西。我可能为了开门，把它忘在门廊上了。"

大女儿插话说："我说过会儿去拿，可是后来又忘了。"

妈妈明白了，严肃地对两个女儿说："下次一定要把网球拍拿进房间。如果整晚都放在外面，网球拍很容易损坏。"

妈妈问网球拍为什么被放在门廊上，比问是谁把网球拍放在那儿的，能更准确地了解发生的事情。如果关注点是问谁该为此负责，女孩们就会倾向于相互推诿责任。妈妈这种正确的处理方式，不仅让女孩们如实回答妈妈的问题，各自汇报自己的行为，还让女孩们明白各自该负的责任，最终妈妈也原谅了她们的过失。

案例 72 请告诉我真话，吃了饼干也没关系，我要知道真相

停下手边的事，和孩子认真讨论，直到他说出真相

在学会诚实之前，所有的孩子都有过说谎的经历。作为父母，我们该如何应对孩子说谎的情况：父母既不能让孩子受到惊吓，还要让孩子明白父母总是为自己好；父母要小心处理，绝不能引诱孩子撒谎，或把孩子逼向不得不撒谎的境地。但是，如果发现孩子撒谎，父母一定要立场坚定，让孩子明白，诚实是非常重要的品质。

一天，四岁的艾琳和妈妈一起为幼儿园的烘焙食品义卖会做了饼干。下午时，妈妈正在办公桌前工作，艾琳跑进来想要告诉她一件事，妈妈看到艾琳的脸上沾有饼干屑和巧克力屑。

"艾琳，我看到你脸上有巧克力屑。"妈妈说，"你有没有从烤架上拿过饼干？"

艾琳摇了摇头。"没有，妈妈。"她瞪大了眼睛回答。

妈妈马上意识到，这场对话自己必须小心处理。"亲爱的，让我们重新开始。"妈妈温柔地说，"请告诉我，你有没有拿我们一起做的饼干？如果拿了也没关系，但是我需要知道真相。"

"嗯……也许只是小小的一块。"艾琳舔着手指承认。

"只有一块？"妈妈问。

"不，两块。"艾琳说。

"真的吗？"妈妈问道。艾琳用力地点了点头。"我很高兴你能说实话，艾琳。"妈妈说，"诚实是很重要的。"

"好吧。"艾琳说，"我可以再吃一块饼干吗？"

"现在可不行，"妈妈回答，"第一，晚餐时间快到了。第二，我们需要把大部分饼干留到烘焙食品义卖会上。所以，下次你要吃饼干的时候，先问问我，我们一起商量好吗？"

"好的，妈妈。"艾琳说，"现在我可以出去玩吗？"

通过这件事，妈妈给艾琳上了人生中的重要一课，帮助她明白即使妈妈对自己的行为不满意，也必须对妈妈诚实。妈妈明确地向艾琳表示，弄清真相对她来说非常重要。她还向艾琳解释不让艾琳吃饼干的原因，以及为什么艾琳今后需要事先征得妈妈的同意。

这是件非常小的事，艾琳的妈妈当时又很忙，她很可能什么都不说就过去了。如果是那样的话，妈妈就错过了让女儿学会诚实的机会。但是如果妈妈因为艾琳说谎或偷拿饼干而严厉惩罚她，那么可能会让孩子变成"撒谎"高手，或者更加"巧妙"地做错误的事。亲子之间的诚实非常重要，我们不希望孩子害怕而撒谎，而是因为尊重诚实的价值，相信我们，才选择诚实。

案例 73 我觉得钥匙被怪兽拿走了

当孩子编故事时，顺应故事发展也夹带说真话的重要性

如何区分讲故事和说谎呢？孩子们的想象力极其丰富，当然不能破坏他们尽情想象的乐趣。在确保诚实的基础上，我们要为他们留有空间，让他们从创造和讲述故事中获得快乐，并鼓励孩子与他人分享想象的成果。如果我们谨慎处理，就能通过对故事本质的讨论，来帮助孩子学会区分事实和虚构。

两岁大的安东尼看到妈妈非常着急，因为妈妈的约会快要迟到了，此时车钥匙不见了。"我找不着车钥匙了。"妈妈说，"我刚刚还看见的，一转眼跑哪儿去了？"

"我想是妖怪拿走了。"安东尼认真地说。

"嗯，妖怪，"妈妈重复道，"你知道妖怪把车钥匙放在哪儿了吗？"

"在玩具盒里！"安东尼兴高采烈地说。

妈妈把手伸进玩具盒，找到了车钥匙。"你在编故事吗？"她对安东尼说，"肯定就是！我猜那个小妖怪就是你！"妈妈伸手去给安东尼挠痒痒，孩子咯咯地笑了起来。

"小妖怪！"妈妈对安东尼说，心里想着今后应该把车钥匙放在孩子够不到的地方，"车钥匙可不能拿来玩，如果车钥匙不见了，我们就不能开车了。以后可不能再拿了。"

在安东尼的年龄阶段，妈妈所做的一切足以帮孩子弄清楚事实与虚构之间的区别，妈妈的做法让安东尼知道讲故事是很有趣的，尤其是所有人都知道这只是个故事。

案例 74 世界上真的有圣诞老人吗？

当孩子发现故事真相，从欣赏的角度转移孩子失落的情绪

事实与虚构不同，讲故事的能力值得被鼓励和欣赏。我们帮助孩子理解事实与虚构本质，让孩子了解自己喜爱的神话故事，诸如圣诞老人和牙仙子背后的事实。有些父母可能永远都不必说："世上其实没有圣诞老人。"随着孩子逐渐长大，他们就会质疑此类故事的真实性，逐渐认识到圣诞老人只是个神话故事，与此同时，孩子仍然能继续欣赏神话故事的魅力。

妈妈、爸爸和七岁的凯文开车去买圣诞礼物。突然，坐在后座的凯文提出个让父母发愁的问题。"世界上真的有圣诞老人吗？"凯文问道，"保罗的妈妈说圣诞老人住在北极，珍妮的爸爸说圣诞老人是送礼物的精灵，玛丽的姐姐说圣诞老人只不过是个虚构的人物。那么，圣诞老人真的存在吗？"

妈妈深呼吸了一下，认真地回答："你知道吗？凯文，这个世界上有很多事情，人类还不能完全理解。不如我们把圣诞老人当作一个神奇的秘密吧！"

凯文脸上露出了微笑，心满意足地坐在座位上。妈妈的回答足以让他感到满意，因为他想相信圣诞老人的存在，也被父母允许这样做。

与此同时，妈妈的回答尊重了孩子长大成熟的需求，正是这种需求让他第一次提出这个问题，这也为孩子对圣诞老人的了解留下了空间。随着年龄的增长，他会感激妈妈对圣诞老人问题的回答，妈妈的回答虽然没有讲明事实，但温和地引导他对圣诞老人之类的问题形成更成熟的观点。

案例 75 我是不是不一定要一直诚实？

花点时间，从各种角度和孩子讨论善意的谎言

有些事情很容易区分是非对错，有些则不然。当孩子们踏出家门，融入家庭以外的世界，他们很快就能感受到现实世界存在各种各样的观点，每种观点都让孩子对发生的事情形成更全面的看法。

七岁的弗兰对妈妈很不满意，"妈妈，你撒谎了。星期天你说喜欢凯伦阿姨做的晚餐，但后来你跟爸爸说她的厨艺糟透了"。

"你说得对，"妈妈表示赞同，"我没有诚实地说出对她厨艺

的看法，那是因为我不想伤害凯伦阿姨的感情。我认为对人友善比绝对坦诚更加重要。"

"哦，"弗兰说，思考了几分钟后，又问道，"那么，这是否意味着我不用任何时候都诚实呢？"弗兰正在努力弄清楚诚实的规则。

妈妈认真地看着弗兰，郑重地说："我当然希望你做一个诚实的孩子。但在某些情况下，友善更加重要。为了不伤害别人的感情，我们撒了个小谎，这是'善意的谎言'。我们虽然没有说实话，但在某些情况下这样做更好。"

弗兰听得非常专心，但一脸茫然。

"比如，"妈妈继续解释道，"假设你的朋友安德里亚给你看她的新衣服，可你不喜欢，你认为衣服的颜色很难看，你会把真实的想法告诉她吗？"

弗兰仔细想了想，然后说："她肯定不喜欢我这么说。"

"那么，你该对她说些什么，才能让她高兴呢？"

"嗯……这样做好吗？"弗兰看起来对自己的想法并不满意。

"可以的！"妈妈鼓励道。

"哦，我知道啦！我可以讨论一些除颜色外我喜欢的地方呀！"弗兰兴奋地说。

"真棒！就是这个意思。"妈妈说，"找一些你觉得好的地方来谈论，可以问问她是从哪里买的或者其他问题。最重要的是，这件东西对你的好朋友来说很重要，她为此感到高兴。"妈妈继续说："你知道吗？一定要记住，对于同一件事物，不同的人有不同的看法。你不喜欢的颜色可能是她最喜欢的。"

现在，弗兰不仅认识到友善的重要性，还知道人们看待世界的方式和观点是不同的，而且所有方式和观点都是合理的。

当然，如果妈妈能避免在弗兰面前讨论凯伦的厨艺，就能避免和女儿的这场讨论。俗话说："若不能善言善语，就请缄口不语。"当然，如果我们喜欢尽情地公开表达所有的情绪感受，包括那些可能让孩子感到不舒服的，就应该像弗兰妈妈那样，花时间和孩子讨论，彻底消除孩子的疑惑。

案例 76 我们再回去把钱还给餐厅吧

教孩子正直——做正确的事时，即便没有回报，自己也会觉得开心

孩子从父母身上学习诚实。对孩子来说，我们的一言一行都是孩子学习诚实品质的榜样。孩子观察父母如何处理生活中的各种情况，至少在孩子还小的时候，他们会认为父母的处事方式就是正确的。

九岁的艾丽西亚和爸爸吃完午饭正准备离开餐馆，爸爸心不在焉地收了收银员找的零钱。他们到达停车场时，爸爸发现收银员多找了钱。

"艾丽西亚，等一下，钱不对。"爸爸说，把零钱拿给她

看，"她多找钱给我了。"

爸爸和女儿又重新计算了一下，发现多找了大约五美元。"我们再回去把钱还给餐厅吧。"爸爸说。

艾丽西亚却不怎么积极，因为她已经在想怎么使用这额外的五美元，不过她知道爸爸的做法是正确的。收银员非常感激，不然在今天下班的时候，她必须用自己的钱来弥补差额。经理无意中听到他们的谈话，送给爸爸一张优惠券，下次来消费的时候可以享受很大的优惠折扣。爸爸和女儿再次离开餐馆时，他们感觉好极了。

"感觉怎么样，艾丽西亚？"爸爸问道，"我们把钱还回去了，你高兴吗？"

"我觉得诚实是值得的。"艾丽西亚说。

"即使没有任何回报，做好事也会让人感觉良好。"爸爸说，"心怀真诚，就会有意想不到的好事发生。"

当孩子询问令人难以解释的性或死亡问题时

先问孩子知道多少，再选择适合他年龄的说法

有时候，完全诚实不一定是好的做法。和孩子讨论某些话

题，应该考虑到孩子的年龄和成熟程度，一般来说，大部分父母都会低估孩子的理解力。当孩子第一次询问"婴儿是从哪里来的"时，一位家长就向孩子进行详细的科学解释，把孩子弄得一头雾水，不知所措。

最难的是和孩子谈论性或死亡的话题，即便是成年人，很多人都不愿意谈论。跟孩子解释这类问题非常具有挑战性，我们必须评估孩子的理解能力，权衡我们所说的内容孩子是否会理解。过早、过多地与孩子谈论有关性的话题，其中的细节可能会给孩子带来困扰和不安，而关于死亡的话题则会吓到他们，破坏他们的安全感。

父母必须记住，孩子通常了解、看到和听到的这类事物比我们想象的要多，只不过他们收集的信息和做出的猜想可能非常不准确。遇到此类话题时，较好的讨论方式是先问问孩子已经知道了什么。这样我们就能从孩子已知的部分开始，纠正其观点中的误解，然后对孩子进行坦诚且适龄的解释。有时候，利用外部资源来谈论此类话题也很有帮助，如市面上有不少适合亲子阅读的优秀绘本，旨在帮助让孩子了解性、死亡和其他晦涩的话题。

如果我们低估孩子的理解力并试图掩盖真相，孩子就会注意到自己的理解和父母的解释之间的差异，从而感到迷惑、自我怀疑或者萌生罪恶感。孩子总是倾向于相信父母，所以当理解出现差异时，他们会认为是自己错了，自己的想法很糟糕，孩子会自问："我怎么能这样想事情？我太坏了！"我们不希望孩子因为这类事情而困惑不已，更不希望孩子最终发现父母的信息是错误的，而误导了他们。

青少年时期主要任务之一是寻找真理，同时寻求自我认同。对于青少年来说，理解日渐成熟的身体，了解自己日益形成的个性和独特的心理过程，就像他们在婴儿时期努力伸手去抓婴儿床里的东西一样具有挑战性，也是强有力的生命体验。青少年在努力试图理解抽象的概念，理解那种难以用语言描述的自我和他人的含义，决定自己生活的原则，并将这些认知运用于现实生活中。

青少年日渐成熟的身体塑造了他们的思想和感情。不幸的是，如果孩子不愿意向父母咨询困惑的问题，他们可能会问其他孩子，而这些孩子可能比他们更困惑。当大量的信息涌向孩子时，他们会自己试图厘清头绪。在这种艰难的时刻，他们不会像儿时那样来到我们怀里寻求安慰。然而，这并不意味着孩子不再需要我们。无论他们看上去和我们多么疏远，无论他们拒绝我们时多么坚决，我们一定要坚信，现在的他们比以往任何时候都更需要父母。

在至关重要的青春期，亲子关系必将经受考验。我们必须培养一种新的亲密关系。青少年想感受到与父母的亲密关系，知道父母和他们在一起。青少年需要知道自己可以随时来找父母，告诉父母自己的感受，父母会倾听他们的心事，陪伴他们一起寻找人生的意义，帮助他们开阔视野、了解新颖的观点，还会和他们一起探索其他各种可能性。青少年还需要知道，父母将会尽可能全面、完整地回答自己的任何问题，包括关于性的问题，关于他们正在发育的身体，关于他们强烈的感情和欲望。父母如何才能获得青少年的信任呢？唯有诚实和坦率。

我们应该抛开情绪、尴尬或任何不舒服的感觉，尽我们所能做到最好。我们应该和孩子交流那些在这个世界上生活必须要懂的信息。就像帮助他们第一天上幼儿园、小学、初中做好准备一样，我们需要帮助孩子做好面对成人世界的准备。我曾经建议参加育儿班的父母们，请他们在孩子不在场的时候，夫妻彼此谈谈自己的青少年时期，回忆一下自己的父母曾经告诉过他们什么，或者没有告诉什么。自己的父母有多诚实和坦诚？青春期的他们需要什么帮助，却从父母那里无法得到？给他们的青春期带来了什么影响？他们的父母能不能对他们更坦诚些呢？有多少信息是来自同龄孩子？其中有多少信息是准确的？比如月经、梦遗、勃起、手淫、性高潮、怀孕、避孕这些基本知识，他们是从父母还是其他人那里了解的？大部分进行这类沟通交流的夫妻发现，这不仅增进了对彼此的了解，而且能想出更好的办法来与青春期的孩子分享自己宝贵的经验。

如果你不知道如何回答孩子的问题，就如实地告诉孩子，并努力寻找最好的书籍、手册或文章等资料来学习。父母在帮助孩子时，应该尽量诚实和真诚，为孩子提供所需的信息。当然，一份温暖和理解的关怀，一段亲密无间的亲子关系，父母会永远守候在身边的感觉，是父母能够给予孩子最重要的礼物。父母必须学会放松，并期待孩子做出正确的选择。

真理的价值
伴随着勇气、承担与平和宁静的生命礼物

培养孩子诚实正直的品质，能让孩子在诸多方面受益。他们能了解在与同事、朋友和家人等人际关系中保持正直和信任的价值。他们更有勇气诚实地面对自己和当下处境，并能如实地评判自己在具有建设性活动中所负的责任和扮演的角色。最重要的是，孩子因为能够诚实面对自己而感到欣慰，这让他们获得内心平静，是他们人生中一份伟大的礼物。

chapter *16*

如果孩子生活在公平中，他们将学会正义

孩子往往是公平理念的践行者。对孩子来说，公平意味着正确，不公平就是错误。他们习惯用明确的规则来定义公平的游戏，他们希望每个人遵守同样的规则。当然，这在现实生活中是不可能的，尽管我们都曾希望生活中有一本人生规则手册，告诉我们人生前行的道路是公平的，所有人都会遵守它。

作为成年人，我们已经习惯了人生的起起伏伏，也习惯了事情不会按照自己想象的发展。但是，孩子还不能接受"生活并不总是公平的"这个事实。孩子认为所有的事情都应该"那样"，如果不能"那样"，就会感到困惑。

七岁的莎莉难过地向妈妈抱怨邻居家孩子在游戏中耍赖，妈妈可能打趣地回答说："生活本来就不公平。"但这个答案并没有解决女儿关于公平的疑惑。妈妈应该和女儿讨论游戏不公平的原因，女儿希望游戏如何发展，以及希望的结果。如果妈妈能和莎莉一起探讨，并耐心地倾听女儿的抱怨，母女间的谈话就能更积极地进行。比如妈妈可以问："你认为怎样玩游戏才公平呢？"以及"下次玩游戏的时候，怎样做才更好呢？"把谈话的重点放在未来如何改进上、如何变得更公平等问题上，或许就可以帮助莎莉摆脱现在失望的情绪，以积极的心态应对下次的游戏。

如果家庭成员关于公平存在分歧的时候，通过这种讨论方式，也能有效缓解紧张的气氛。一场开诚布公的谈话让家庭成员各自分享独特的观点，并承诺下次如何改进处理或看待事物的方式。遗憾的是，无论我们多么努力做到公平，都无法令每个人感到满意。

作为父母，我们可能认为自己关于公平的看法是正确的。但不要忘了，每个家庭成员看待事情的角度不同，是否正确取决于看待事物的角度。不过，重要的是应该让孩子明白父母的出发点是公平的，让孩子知道父母允许孩子说出想法和担忧。请花时间倾听孩子的心声，帮助他们厘清自己的感受，鼓励他们把想法付诸实践，这样孩子就能看到，我们在日常生活中很重视公平。

案例 77 我们非常在乎你的感觉

家庭里的公平——给予同等重视但不同方式的关心

每次听到有父母说："我对所有的孩子一视同仁。"我知道绝对不可能，因为这不符合人性。即使父母努力这么做，也没有必要。孩子各有优点和缺点，需要父母有针对性地对待。在一个家庭中，对这个孩子公平的事情可能对另一个孩子不公平。不同的年龄、不同的需求、不同的情况、不同的个性，都需要用不同的方法来处理。

尽管我们努力公平地对待自己的孩子，大多数家庭也存在兄弟姐妹之间的竞争。孩子们间的打闹表面上是为了争夺玩具、特权、食物或金钱，但实际上隐含的问题是孩子感知到父母的偏袒。孩子对父母的说话方式，以及如何分配精力、时间、兴趣和注意力等行为都非常敏感。每个孩子公平的底线就是想和其他孩子一样，感受到自己的重要性，感受到父母的疼爱。

当孩子抱怨父母偏袒时，我们有必要花点时间思考一下我们的真实情感及传达给孩子的态度。兄弟姐妹之间的竞争和比较，是无法避免的。但我们必须确保自己在家中不能营造出敌意的气氛。有时候，父母对孩子的激励策略可能会产生意料之外的副作用。比如鼓励孩子相互竞争完成家务或者家庭作业，都会引起孩子间的冲突。谁赢了？谁输了？谁是第一个？谁是最后一个？这些通常用于运动场上的竞争不能带入家庭中。我们希望孩子评估自己的行为和技能，而不是与他人比较。

还有一个办法能克服父母的偏袒，那就是花时间单独陪伴每个孩子。

我认识的一对父母有三个儿子，分别为四岁、六岁和八岁。父母轮流邀请其中一个男孩外出简单地吃顿饭，比如去咖啡店享用煎饼早餐。这样每个孩子都有机会单独和父母待在一起，没有平日家里常见的干扰和竞争环境。父母能了解孩子在想什么，学校里发生了什么，邻里间发生了什么，兄弟间发生了什么，孩子能拥有一段独自和父母相处的亲子时光。这样的交流，远离家庭的喧嚣和混乱，为孩子今后艰难的青少年时期与父母交流奠定了基础，这是特别重要的。父母清晰地向每个孩子传达了一个重要的信息："你对我们来说很重要，我们很在乎你的感受。"

这种交流不一定要在餐馆里进行，只要不在家里就行。不一定是吃饭，一次事先安排的郊游也可以好好交流，比如散步、参观博物馆、划船都可以达到同样的效果。重要的是，要让孩子感觉到自己得到了父母全部的关注，那是属于自己的特别时间。

案例 78　如果你想，我们可以讨论周末上床睡觉的时间

"你觉得你应该……"鼓励孩子做最适当的判断，并对决定负责

无论是学校、邻里之间，还是未来的职场上，孩子在遇到自己认为不公平的事情时，都应该勇于表达。为了让孩子具备这种能力，父母在家庭中就应该让孩子练习。如果我们重视孩

子对家庭中不公平现象的反抗，他们就会明白自己可以通过勇敢表达来改善情况。

一天晚上，九岁的安迪吃完晚饭后对父母抱怨道："你们简直把我当作小孩看待。我的朋友们想多晚睡就多晚睡。"

"他们想多晚睡就多晚睡吗？"父亲问道。

"反正他们睡得都比我晚。"安迪说。

"每天早晨要上学，是谁在赖床呢？"妈妈问。

"我。"安迪承认。

"看来你的睡眠还不够嘛！"爸爸说。

"那周末呢？"安迪问道。

"嗯，周末的确不太一样。如果你愿意，我们可以讨论一下周末的作息时间。"妈妈说，"你认为周五和周六晚上应该多晚睡呢？"通过使用"应该"这个词，妈妈想鼓励安迪自己好好思考，而不是仅仅满足"想要"的欲望。这种提问方式，帮助安迪认识到自己应该为改变作息时间负起责任。

"我想还是需要至少八小时的睡眠时间，也就是说……"安迪一边说，一边计算出新的就寝时间。

"好吧，"爸爸说，"就试一试吧。"

"太好了！"安迪兴奋地说，他为自己改变了一个"不公平"的情况而感到高兴。

当孩子认为家庭规则不公平的时候，父母允许甚至鼓励孩子提出质疑，这一点非常重要。如果我们不认真对待孩子的感受，不尊重他们公开表达的权利，孩子可能以一种沉默的方式表示敌意，这会破坏亲子关系，造成亲子间的隔阂。家庭规则最好灵活一点，当孩子认为出现不公正的情况，父母应该鼓励孩子坚持自己的立场。这有助于孩子以积极的心态解决家庭矛盾，以及应对生活中的其他状况。

案例 79 老师从来不喊我！

让孩子学习面对并想办法改善不公平

一天，四年级的贝琪回到家，眼里含着泪水。"老师从来不喊我。"她抱怨道，"我知道答案，也举了手，但她就是不喊我的名字。"

贝琪的妈妈关切地听着，问道："那老师叫谁回答呢？"

"她总是喊男孩们回答问题，可他们根本不知道正确答案。"贝琪不高兴地说。

"那老师喊其他女孩回答吗？"妈妈接着问。

"喊得不多，"贝琪停顿了一下，然后舒了一口气，"不只我一个人这样。其实她不重视所有女孩。"

"这听起来可不公平。"妈妈回答，"你认为我们能做些什么呢？"

"你可以给她写封信。"贝琪建议说。

"当然可以，"妈妈答道，又补充了一句，"还有其他办法吗？"

"你还可以去和她谈一谈。"贝琪说。

"我觉得这个主意不错，"妈妈说，"那我们三个一起谈谈这个问题，你觉得如何？"

妈妈不仅是女儿的支持者，还引导女儿积极地采取行动改变不公平的情况。在妈妈的支持下，贝琪正在学习如何维护自己的权利，如何让自己的主张得到重视。

案例 80 当孩子看到不公平的事情发生时

在家中扭转不公平的成功经验，能让孩子为了自己或他人勇敢发声

在生活中，孩子不可避免地目睹甚至遭遇不公平的事情。有时候因为教练或老师的偏袒，或者其他孩子的粗暴行为，孩子成为不公平的受害者。有时候孩子为了他人遭受的不公平挺身而出。如果孩子有过争取公平的经验，比如在家里与不公平进行过抗争，并取得过胜利，那么孩子在外面遇到此类问题时，就能大胆地为自己和他人争取公平。

在上学的路上，十岁的迈克尔发现在学校附近停车场的角落里，有一群男孩正围着另一个孩子。他发现，那个孩子正在被欺负，可能是因为他来自不同的文化背景。

迈克尔当时很紧张，不知道该怎么办。来不及细想，他就

走入人群中，对那个被欺负的男孩喊道："来吧，汤姆！上课时间快到了。"所有的孩子都转过身来惊讶地看着他，汤姆感觉这是个机会，连忙跟上迈克尔去学校。

迈克尔的行为需要极大的勇气。当一个人面对一群人时，是需要勇气的。对迈克尔来说，假装什么都没看见或者希望老师来干预会容易得多。迈克尔的父母可能永远都不会知道这件事，因为许多孩子不会把自己的经历全部告诉父母。如果迈克尔的父母知道，他们养育了一个有强烈正义感的孩子，一定十分骄傲，这样的孩子认为每个人都有权利被公平对待，他愿意去帮助那些陷入困境的人。

案例 81 难道没有人能为他们做些什么吗？

即使力量渺小，只要孩子付出行动、试着做出改变，都值得我们骄傲

不过，有时候孩子面临的不公平待遇，其复杂程度和难度远远超出他们自己能解决的范围。

一天晚上，十三岁的斯特拉和父母一起看电视新闻。新闻正在报道外来移民的果农们糟糕的生活条件，这些果农们想要挣钱并开始新的生活非常艰难。因为这条新闻，斯特拉深感难

过，她对父母说："这不公平。他们怎么能生活在那样的环境里呢？农场主应该给移民果农提供更好的居住环境，并支付更多的工钱。我帮西蒙斯太太照看孩子都比他们挣得多。"

斯特拉的父母不知该说什么。过了一会儿，斯特拉的妈妈说："亲爱的，情况的确太糟糕了，我觉得你能关心弱势群体非常棒。可世界上就是有很多不公平存在，这是生活的可悲之处。"

"难道没有人能为他们做些什么吗？"斯特拉依旧坚持道，"难道政府不能要求那些农场主，强制他们公平地对待工人吗？"

"你的想法很有趣，也许将来政府会立法来解决这类问题。那你觉得我们能做些什么来帮助他们吗？"母亲问。

"我不知道。他们离我们太远了。能不能给他们寄些钱或者物品？"斯特拉试探地建议。

"也许有专门的组织能够帮助他们。"爸爸加入她们的谈话，"你知道吗？其实有专门为无家可归者提供的收容所和为乞丐提供食物的地方，还有红十字会机构为有需要的人提供帮助，是不是也有专门为果农提供帮助的团体组织呢？我们可以浏览这条新闻的网站，看看是否有相关信息。"

"好主意！"妈妈说，"斯特拉，如果有这样的机构组织，而且看起来运营得不错的话，你是否有兴趣捐一些钱呢？"

"你是说用我的钱？"斯特拉问道。

"嗯，是的。"妈妈说，"如果你捐的话，我会捐更多的钱。至少是你的两倍还多。"斯特拉陷入了沉思。

"宝贝，"爸爸温柔地说，"如果你想帮助改善这个世界上不公平的事情，就要做出一些牺牲。"

虽然有些不情愿，斯特拉还是勉强地说："我觉得我能捐出一星期的零花钱。"

"好吧，我们上网查一查，看看有什么发现。"爸爸说着，站了起来。

"斯特拉，你愿意帮助他人，我真为你感到骄傲。"妈妈补充道，拥抱了斯特拉。

在父母的帮助下，斯特拉感觉自己有能力采取行动改善不公平的情况。尽管只是尽了一点绵薄之力，但是斯特拉明白了，从今以后，在面对不公平的社会问题时，她不会感到无助，而是试图做出改变。

正义是人生最大的课题之一
从小事学起、从自己拓展到他人，让孩子知道这是可以努力的目标

公平正义是人类重要的主题之一。培养孩子的公平正义感从小事开始，如果我们重视孩子对公平的诉求，他们就会尊重他人对公平的诉求。从家庭中尊重个人权利到世界上尊重其他人的权利，这是一个巨大的飞跃。在父母的帮助下，孩子可以看到我们能够共同努力打造一个"公平"的世界，这也是人类面临的最重要的挑战。

chapter 17

如果孩子生活在友善和体贴中，他们将学会尊重

我们无法教导孩子学会"尊重",但是可以教育他们举止彬彬有礼,如何表现出尊重,这和真正的尊重不同。只有孩子看到自己的父母以友好、体贴、尊重的方式对待他人时,他们才能学会尊重。在孩子的成长过程中,他们如何被对待,就会以这种方式对待他人。

友善和体贴是尊重的标志,在日常生活中,它们日复一日、周复一周、年复一年通过微小的事情表现出来。我们教会孩子尊重:不仅包括接纳他人原本的样子,而且承认他人的需要和我们的一样重要,有时甚至要把他人的需要放在第一位。当孩子开始在小事上尊重他人时,比如他们温柔地对待动物,或对弟弟妹妹有耐心时,我们一定要及时表扬,强化这种行为。

对所有人来说,养成友善和体贴的品质需要很长的时间。作为父母,我们必须承认有时候也没有尊重伴侣或孩子。承认我们的缺点,为我们造成的伤害道歉,并努力在今后更加留心,弥补之前造成的伤害,朝着更美好的明天迈进。我们可以通过这种坦诚的态度向孩子表明,学习如何尊重他人是一个永无止境的过程,无论是大人还是小孩,都要不断学习。

案例 82 用温和的态度，提醒孩子"主动善待人"
留意每个偶发时刻，暗示孩子关注别人的需求

一般来说，年幼的孩子都会以自我为中心，为自己考虑，这是正常现象。因为婴幼儿认为自己是全世界的中心，其他人的存在是为了满足自己的需要。这种自我中心的倾向在幼儿阶段很正常。随着孩子逐渐长大成熟，才会慢慢懂得他人的需求和自己的需求一样重要。然而，既要考虑他人的需求，又要尽可能满足自己的需求，培养孩子具备平衡二者的能力则需要更长的时间。

父母给孩子最好的教育，可能就发生在细微、不易察觉的时刻，这些时刻给父母机会引导孩子待人友善。父母一定要留意这些时刻，好好利用这些机会引导孩子为他人着想。

在一家超市里，我看到一位妈妈带着两个儿子，一个大约四岁，一个大约八岁。他们正在从货架上拿猫粮，看到一位老奶奶的钱包掉到地上，里面的东西散落了一地。大儿子立即停下手头的事情，帮老奶奶捡散落的东西。而小儿子还在不停地往购物车里放猫粮，这时妈妈悄悄给了小儿子一点暗示，不用言语就让他明白应去和哥哥一起帮助老奶奶。首先，她轻轻地碰了碰小儿子的胳膊，引起他的注意，小儿子停了下来。然后，妈妈朝哥哥方向看去，小儿子看到哥哥正在做的事情，赶

紧跑过去帮忙。妈妈用温和的方式给孩子们上了一课，让他们懂得如何善待他人。

另外，通过想象游戏也可以教导孩子善待和体贴他人。一天晚上，四岁的肯尼和妈妈在整理房间，妈妈把泰迪熊抱到床上，然后轻轻地拍了拍它。

"好了，我敢打赌泰迪现在感觉舒服极了。"妈妈说。

肯尼走到泰迪熊旁边，给它整理了一下被子，说："睡个好觉，泰迪。"

妈妈知道肯尼对泰迪熊的感情，在不经意间给肯尼做了榜样，以友善而体贴的方式对待"他人"。肯尼很高兴妈妈能进入自己的游戏世界，并对自己喜欢的东西感兴趣。他也学到了如何对需要照顾的事物表达温柔和关心。

案例 83 不知道她有什么感受

提醒孩子想象对方的感受、主动修复关系，练习人际互动技巧

我们还可以通过让孩子想象其他人在某种情况下的感受，来帮助孩子加深理解尊重和同理心。

七岁的珍妮和玛丽亚正在玩棋盘游戏，突然两人对游戏规

则产生了分歧，玛丽亚一气之下回家了。珍妮走进厨房和妈妈说话。"玛丽亚真是个可恶的家伙！她输了就不玩了。"

"发生了什么事？"妈妈问，"玛丽亚平时不是挺喜欢玩游戏吗？"

珍妮向妈妈描述了两人的争执，并且把错误归咎于玛丽亚。

"游戏就这样结束了，真遗憾！"妈妈若有所思地说，"我不知道玛丽亚有什么感受。"

"啊，我也不知道。"珍妮回答，她似乎被妈妈的想法点醒了。她想了一会儿，然后说："也许我该给她打个电话。"

两个女孩谈了谈，最终她们认为这件事情两人都有做得不对的地方，两人消除了误会，相约第二天再一起玩。如果下次再产生分歧，因为之前已经做好了准备，孩子们就会选择更有成效的沟通方式。

妈妈适时而恰当的提问帮助珍妮跳出自己的思维模式，考虑玛丽亚的感受。妈妈的话，让珍妮在与朋友发生意见分歧后，能考虑朋友的心理感受，这一点是保持友谊长存的重要因素。

这些道理并非不言自明，也不容易付诸实践，所以孩子需要我们的帮助。如果孩子在成长过程中不能掌握维持人际关系的基本能力，未来的生活将会障碍重重。

案例 **84 帮忙盖上盖子，颜料干了哥哥会难过的**
沟通时强调尊重他人的感受，让孩子了解体贴的重要性

在与他人交流时，乐于助人和关心体贴也是尊重他人的另一种方式，因此父母应该注意自己说话的内容和方式。我们可以说："看到那边你哥哥的颜料盒了吗？对，就是那个开着的。盖上它，好吗？谢谢。"我们还可以说："你哥哥的颜料盒没有盖上，咱们去把它盖上吧，免得颜料干了。如果颜料干了，没法用的话，哥哥会很难过的。"这两种表达方式传达了不同的信息，对于第二种方式，孩子可以得到更丰富、更全面的信息，懂得不仅要珍惜物品，还要和他人互相照顾和帮助。

尊重孩子和他们的感受，让孩子知道我们对他们的期望。例如，爸爸晚上要工作，必须集中精力，需要安静的环境，最好的办法是提前告诉孩子，让孩子选择安静的活动。事先提醒的方式能让孩子体谅爸爸，有机会帮助爸爸，这种方式比几乎不做任何解释的情况下，对孩子大喊大叫希望他安静更有效。

通过关注和赞赏孩子体贴的行为，我们也能鼓励孩子表达善意和体贴。

妹妹坐在椅子上，她的玩具掉在地上，马修帮妹妹捡起来还给她。"谢谢你，马修，"爸爸说，"你能帮妹妹真是太好了！"

爸爸对马修的体贴行为关注和赞赏是至关重要的，这不仅为马修指明了行为准则，还让他感受到自己的体贴行为是值得褒奖的。

尊重每个人的物品和个人隐私
我们的态度与做法，孩子都看在眼里

每一个家庭成员的私人物品和个人隐私都应该受到尊重。父母如何对待自己的物品会直接影响孩子。我们对待物品的方式，孩子全都看在眼里。比如我们把衣物随意堆放在地板上，把工具随手扔在院子里，关门时啪啪作响，这些不经意的生活细节，孩子都会吸收并模仿。

不只是我们珍视的物品值得尊重和珍惜，日常家居用品也应如此。无论房间多么简单，家庭成员有多少，每个孩子都需要拥有一些私人物品的权利，这些东西未经允许任何人都不能使用。

尊重孩子的个人隐私同样重要。当孩子很小的时候，需要我们帮忙穿衣服、洗澡和理发。随着年龄的增长，他们慢慢学会自己做这些事情，在这个过程中，他们对自己的身体逐渐变得谨慎，对自己的隐私有了更大的需求。我们应该鼓励孩子拥有自己的隐私，并教育孩子在需要保护个人隐私的时候如何提

出要求。我们应该教导孩子尊重他人的隐私权。例如，进入房间前要先敲门，得到允许后才可以进入。这样也能让父母保护自己的隐私。

临近青春期的女孩身体逐渐成熟，尤其需要父母的支持和理解。当女孩的身体开始发育和变化，她们需要更多的隐私，家庭中每位成员都应该重视这一点。如果有兄弟姐妹，或叔叔阿姨用嘲笑或嗤之以鼻的方式，对待正在经历身体发育变化的孩子，我们应该加以提醒，绝对不允许任何人嘲笑正在经历身体发育变化的孩子。父母应该给予孩子足够的支持和理解，而不是取笑他们。

案例
85 你和爸爸总是吵个不停

孩子会以父母为模板，以同样的方式对待所爱的人

父母之间的关系，是孩子直接观察到的，对孩子来说也最具有影响力。日常生活中父母之间的互动，是孩子最容易学习如何表达尊重的模板。无论我们告诉孩子应该怎么做，父母通过彼此之间的互动方式所传达的信息才是孩子真正吸收的信息。

安娜和艾米丽是一对八岁的双胞胎姐妹，她们一整天都吵得不可开交。终于妈妈失去了耐心，大喊道："别吵了，我受不了了！"

两个女孩同时抬起头来，惊讶地看着妈妈，安娜回驳道："但是你和爸爸总是吵个不停，和我们有什么区别呢？"

妈妈无言以对，她之前没有这样思考过，但她知道安娜说得没错。

孩子注意到父母之间的说话方式：父母的语气、父母的态度、父母没有表达出来的情感。这不仅是父母是否争吵的问题，还有父母如何解决意见分歧的方式，如何通过沟通来消除微小的误解，以及如何回应彼此需求。

哪怕是最细微的关心和体贴的动作，父母之间传递的方式都能被孩子捕捉到，并成为孩子将来处理亲密关系的心理模式。当他们听到父母谈话时，习惯且自然地使用诸如"请""谢谢""不客气"等礼貌用语时；当那些体贴的话语，诸如"要不要我帮你拿些？"或"需要我帮忙吗？"在孩子日常生活中随时出现时，孩子就会明白，在生活中无论大事小事，人们都应该互相帮助。

尊重每个人的差异与需求

我们日常的善意举动与主动关心，都是孩子的学习榜样

孩子长大后将与不同信仰、肤色和习俗的人共同生活在这

个世界上。家庭中友善、体贴和宽容的氛围能让孩子为尊重他人做好准备。在孩子成长的过程中，我们希望他们能从遇到的每个人身上发现人性的闪光点。不管对方与我们有多么不同，作为人类，我们都拥有共同的梦想和愿望。我们希望孩子能发现人类在生理、情感和精神上的相同多于差异。

当孩子进入更广阔的世界，由于对他人价值和尊严的尊重，孩子也会受到尊重。在这样的环境中长大，友善和体贴成为孩子日常生活的一部分，他们就能学会尊重和宽容他人。古往今来，世界上所有伟大的导师们都一致认为，正是通过每天微不足道的善举，才能让我们的人生变得日渐美好。

chapter
18

如果孩子生活在安全中，
他们将学会信赖自己和他人

父母是孩子第一个信赖的人。孩子需要知道，无论发生什么，父母都会支持自己，这就是安全感。当孩子确信可以依靠父母来满足自己的需要，考虑自己的感受，并且受到尊重时，他们就会信任父母。由于拥有这份安全感和父母坚定不移的支持，孩子才能培养出对自己的信心。

最近，我参加了一场钢琴独奏会，在演奏会上，我看到一个十岁的男孩勇敢地演奏出了《胡桃夹子》中的一个片段。显然他练习得还不够，他自己也意识到这一点，可是观众仍然给了他鼓励的掌声。离开舞台后，男孩径直走到妈妈身边，进入妈妈的怀里。在接下来的几段演奏中，妈妈还一直抱着他，给他安慰。

其实，这个孩子早就过了坐在妈妈怀里的年龄，我知道这位妈妈对孩子练琴的要求非常严格。但在刚才那一刻，这些都不重要。妈妈传递给儿子的信息非常简单：即使你做得不够好，我也会在你身边支持你，我不掩饰表达对你的爱。

孩子需要知道，父母永远支持自己，不管自己做得是否足够好，是否能够达到要求。

信仰是对人的信念、人的价值与整个世界的信心

拥有信仰,能让孩子以乐观的态度面对人生、信任他人

那些信仰某种伟大事物的人往往比没有信仰的人更能应对生活的压力。我们可以把信仰看作一个人对自己的信念、价值观及整个世界的信心。这种"人性本善"的基本信仰至关重要,能够帮助孩子积极乐观地面对生活,信任他人。

案例 86 轻松随意地问孩子:"再试一次?"

当孩子还没准备好时,让他先退回原点,不施加过多压力

随着孩子一天天长大,孩子逐渐建立对自己的信心。当孩子说:"是我,是我自己做的!"我们就知道孩子已经建立自信心。我们的责任就是为孩子提供机会,让他测试自己的技能和能力,同时支持孩子多学习、接触新鲜事物。为了让孩子在成长过程中感到安全,我们必须给予他们足够的时间和空间去尝试、去学习,甚至失败,与此同时,我们要一直守候在孩子身边鼓励、引导和帮助他们。

一天晚上,五岁的尼古拉斯哧溜一下钻进被窝,对妈妈说:"我想把自行车的辅助轮卸下来,可以吗?"

"当然可以。"妈妈说。第二天早上,他们拿出螺丝刀,把辅助轮取下来。但是以尼古拉斯的年龄,没有辅助轮的自行车,骑起来并不容易,他骑得并不稳,特别是妈妈把手从车后座上松开的时候。

当天晚上,尼古拉斯说:"你能把我的辅助轮装回去吗?"

"当然可以。"妈妈说,"我们明天早上再装回去吧。"

第二天早上,尼古拉斯来到他的自行车跟前。

"在我装上辅助轮之前,你想再试一次吗?"妈妈漫不经心地问,她知道第二次尝试可能会好些。

"好啊!"尼古拉斯表示同意。他很放松,因为妈妈漫不经心的态度让他觉得再试一次也不会有什么损失。结果尼古拉斯这次骑得很平稳,他紧紧地抓住车把手,脸上笑开了花,他的自信心大大提高了。妈妈答应尼古拉斯把辅助轮安装上去的请求,但也鼓励他再试一次。当孩子还没有准备好时,她没有强迫尼古拉斯做一个勇于挑战的"好孩子",她让"再试一次"变得很轻松。

尼古拉斯会从自行车上摔下来吗?会的,他当然会。我们都有摔跤的时候,特别是当鼓足勇气挑战的时候。但那也是我们最需要自信的时候,因为我们还要再挑战重新回到自行车上。

案例 87 让你妈妈开车送我们吧！我们肯定能准时到达

承诺的事尽力做到，若事发突然，务必考虑孩子的感受、告知他

孩子相信父母能说到做到。如果是我们承诺的事，就应该做到；如果做不到，就应该让孩子知道原因。孩子相信父母所说的话，并相信父母言出必行。如果父母在大多数情况下都能说到做到，孩子就会信赖父母。

在孩子成长的过程中，父母对孩子许下无数的承诺。我们可能不认为那是承诺，但孩子们认为是。如果我们承诺几点钟去接孩子，他们会认为我们一定能做到。如果我们总是迟到或忘记去做，孩子就会认为不能信任父母，他们理所当然地认为自己被忽视了。

当我们因为紧急情况而不能准时出现时，我们应该打电话让孩子知道。像对待客户或上司一样，我们应该考虑孩子的感受。那些最后被接走、等待的孩子们总是一脸悲伤。我们可以看到这些孩子试图隐藏自己的失望和担忧，可是他们并不擅长这样做。

游泳课结束了，妈妈又迟到了。七岁的曼迪爬上车，深深地叹了一口气。妈妈开始道歉，解释自己为什么是最后一个来

的家长。曼迪没说什么，只是凝视着天空。她对妈妈已经不抱希望了。对她来说，现在更重要的是降低自己的期望，保护自己免受失望和不安全感的影响，而不是再给妈妈一次机会。妈妈并不可靠，曼迪知道这一点。虽然曼迪已经适应了这种情况，但妈妈迟到的习惯已经伤害了孩子对妈妈和自己的信心。所以，曼迪会认为：如果自己对妈妈来说真的很重要，妈妈难道看不出来自己总是被留到最后，有多难过吗？妈妈难道就不能想想办法吗？

最近，我偶然听到几个四年级的女孩讨论在星期六下午一起去看电影。其中一个女孩对另一个女孩说："让你妈妈开车送我们吧！我们肯定能准时到达。"其他女孩都点头表示同意。她们都很清楚谁的妈妈最可靠。

案例 88 有人想去看电影吗？

在规律的生活中，偶尔给孩子一些意外的乐趣

为孩子提供有安全感的环境非常重要。在孩子的生活中，存在很多未知数，有很多新事物及正在学习的东西。所以，给孩子提供一个可预测、舒适的家庭环境有助于孩子发展自我控制力。尽管如此，我们仍然允许生活中出现一些突发、有趣的时刻。

星期六的晚上，伊莱恩的姑妈来家里吃晚饭。大约八点钟的时候，她环顾了一下四周，问道："有人想去看电影吗？"

爸爸妈妈坐在沙发上。十一岁的伊莱恩跳了起来，热情地说："我想去！"

"是不是太晚了？"妈妈问道，"电影一般七点就开始了。"

伊莱恩用恳求的眼神看着妈妈。"也不见得。"姑妈回答，"伊莱恩和我可以赶午夜场。如果我们现在走，还可以去购物中心转转，或许可以先吃点冰激凌。"

"午夜场？"爸爸说，他原本打算反对，又改变了主意。如果伊莱恩看午夜场的电影，睡觉时间会比平时晚很多，但明天不用上学，和姑妈这次无计划的外出活动是增进伊莱恩和姑妈感情的绝佳机会。于是，爸爸对妈妈说："为什么不呢？她可以明天再睡个懒觉。"

"那倒也是。"妈妈表示同意。"那看完电影赶紧回家。"她说，"祝你们玩得愉快。"

提前规划能给孩子带来安全感，有规律的生活有助于增强这种安全感，提前规划和有规律的生活对于孩子的安全感来说至关重要。但是偶尔打破常规，对于孩子们来说也很重要。这些打破常规的时刻往往令孩子们终生难忘，新鲜、刺激、令人兴奋。

伊莱恩大约午夜时分回到家。她很享受那场电影，以及和姑妈在一起的时光，甚至喜欢那个夜晚的空气。"你知道吗？晚上的空气闻起来都不一样。"她说,"更新鲜!"她和爸爸妈妈拥抱互道晚安,非常感谢父母让她去看电影。

案例 89 我相信你能做得很好

我们信赖孩子,他就相信自己能做到他想做的事

孩子只有对自己和自己如何看待事物有信心,才能采取行动。如果孩子不相信自己或对自己的决定没有信心,很难成为有主见的人。想要培养孩子的自信心,父母首先应该相信孩子。

十岁的安德鲁从营地给家里打电话,抱怨自己的小伙伴。安德鲁说:"他邀请我做搭档一起划皮划艇,可是当我到达湖边时,他已经和别人组成搭档了。"然后继续抱怨,"后来,他又借了我的军刀,还不还给我。他还嘲笑我跑步的样子像鸭子。"

爸爸专心地听着儿子倾诉。他真想立刻钻进车里,开车去儿子那里,和营地负责人好好谈谈。但是,他深吸一口气,问儿子:"你打算怎么处理这件事呢?"

安德鲁回答:"嗯,我和别人去划皮划艇了。如果我看起来真像只鸭子,那也是非常快的,因为我在皮划艇比赛中得了第三名。"

"太棒了!"爸爸说。

"我会要求他把军刀还给我。"安德鲁继续说,"我要带上军刀去徒步旅行。如果他不还给我,我就告诉老师。"

"你做得很好。"爸爸鼓励他。

安德鲁相信自己的决定,他认为那个同伴的行为是不可接受的,并且他相信自己能处理好这种情况。我知道这么做听起来很容易,但有些孩子因为缺乏自信会逃避问题。安德鲁的爸爸相信儿子有能力独自处理这种情况,并表达出对儿子的信任。

我们希望孩子对自己和他人有起码的信任,希望孩子对他人有积极的期望,但是当他人的行为不可接受时,孩子同样也能做出正确的判断。我们希望孩子今后在各种社会关系中成为值得信赖和遵守承诺的人。

当孩子相信自己,也就能信任他人、信守承诺

作为父母,我们无法终身陪伴孩子。但是,如果父母能在孩子童年时期就赋予他们牢固的安全感,那么这种安全感将伴随孩子步入成年。我们帮助孩子学会相信自己,将给予孩子与他人相处时的自信,以及给予他们的子女、我们的孙辈成为好

父母的信心。

这是送给孩子未来最好的礼物。孩子对自己的信心将指导他们的职业选择，使他们有勇气面对风险，承担责任，并相信自己的决定。对他人的信任让孩子懂得去爱，对他人做出有意义的承诺，并组建家庭。

如果没有内在的自信，即使在一切顺利的情况下孩子也无法享受生活，尤其遇到生活挑战时会变得更加困难。如果他们对自己有信心，对自己的基本能力、善意和能力有信心，如果他们下定决心去做，就能所向披靡。

父母应该教孩子认识基本的价值观，这是为人父母很重要的任务。实际上做到这一点很容易，因为我们要做的就是相信孩子，相信孩子的良好意愿，同时我们必须让孩子知道，毫无疑问，我们信任他们，剩下的事情孩子自己会完成。

chapter
19

如果孩子生活在友爱中，他们将学会爱这个世界

家是孩子的第一个世界。在日常家庭生活中，孩子通过无数个微不足道的瞬间，从父母身上学会如何看待事物，如何待人接物，以及如何对生活抱有期望。通常，孩子在我们没留意的时候，吸收我们的价值观和处世观中最强烈的信息。

我们给予孩子的家庭环境有多友善？我们和孩子说话时彬彬有礼吗？我们是接受孩子本来的样子，还是试图把孩子改造成为我们想要的样子？我们是否相信孩子的意愿是良好的？我们对孩子的新爱好感兴趣吗？

在友善的家庭环境里，孩子的努力得到鼓励、认可和赞美；孩子的错误、缺点和个性得到宽容和包容；孩子被以公平、耐心、理解、善良、友好的方式对待。

当然，有时我们必须对孩子展现父母的权威，但也应该用友好、温暖、坚定的方式，而不是用控制的手段或冷漠的态度。我们可以创造互助友爱的家庭环境，对孩子寄予积极的期望，同时为他们设定行为边界。

日常家庭的生活方式，为孩子提供了成年后家庭生活方式的模板。我们与孩子建立健康的亲子关系，才能应对家庭中无法避免的摩擦，这种亲子关系需要足够坚固，能够延续到孩子长大成人。我们希望孩子能享受节假日家人团聚的快乐，尤其是在他们组建了自己的家庭后。我们希望孩子拥有光明的前途，在人生中找到立足之地，并享受生活带来的一切。

案例 90 我们需要你的帮助

知道共同目标，家里每颗小螺丝就都能朝同一方向扭紧

在日常家庭生活中，我们对家人彼此之间不计其数的相互影响习以为常。其实这些相互影响为孩子发展与人相处的能力打下了基础。正如我们是孩子的榜样，家庭也是社会交往的模板。在很多方面，孩子在邻里间、学校里、职场上和社会中遇到的情况与他们在家庭中遇到的情况有相似之处。通过沟通协商，学会分享浴室、电脑、电视或汽车，孩子开始理解责任的意义，并真正理解人与人之间的关系。

感恩节晚餐过后，一家人安排了清理工作。九岁乔伊的任务是在早餐后清空洗碗机，但他太兴奋了，把这件事忘得一干二净。这使得整个清理工作变得困难：十一岁的克里斯汀清理完桌子，但发现已经没有地方放脏盘子，只能堆在厨房的台面上；妈妈想把吃剩的火鸡收进冰箱，但是根本没有地方操作；露西阿姨在厨房的水槽边，开始洗锅具；与此同时，食物在餐盘上变硬，厨房里的人实在太多了；爸爸准备好了餐后咖啡，需要十几个杯子来装，但大部分杯子还在洗碗机里……总而言

之，这个场景是混乱的家庭生活中典型的片段。

妈妈马上意识到问题出在哪里，她冲着餐厅喊道："乔伊，我们需要你过来把洗碗机清空，现在这里可麻烦了！"

乔伊从桌边跳了起来，意识到自己在最不该忘记的时候忘了任务。在姐姐的帮助下，他很快清空了洗碗机，厨房里混乱的局面立刻得到解决。

通过这件事，乔伊很容易看出自己的行为对其他家庭成员的影响。这个例子可以说明人与人之间相互依赖的关系在家庭日常生活中是非常重要的一部分。实际上，学习如何以友好的方式与人合作，能为孩子提供今后与人相处的宝贵经验。孩子越善于在团队中与他人齐心协力为共同的目标而努力，越能受到朋友、邻居和同事的喜爱，越能赢得社会的认可。如果孩子以友善和慷慨的态度为世界贡献自己的力量，世界将会变得更美好。

案例 91 我可以找爷爷帮忙

协助照顾孩子的成员越多，孩子未来会成为越好的人

如今，家庭结构发生变化，父母陪伴长大的孩子越来越少。很多孩子由单亲父母、祖母或其他亲戚抚养长大。不管家庭的结构如何，对孩子来说，最重要的是自己是被需要和被爱的。

在孩子的生活中，身边的人越友好，越有爱心，孩子越能健康成长。与大家庭或家族的人交往，包括亲密朋友偶尔的接触，都能让孩子学到很多。因为父母不是万能的，所以有时候邀请朋友或者亲戚来家里，为家庭增加一些特殊的视角和时刻，对每个人都有益处。

九岁的吉米在组装模型飞机，他已经失败了好几次，有些垂头丧气。这时他需要大人的帮助和支持，但爸爸工作太忙了，而且他也没有耐心。幸好爷爷很愿意和吉米待在一起，帮他把零件粘在一起。

正是这种高质量的陪伴，让孩子们感受到长辈们的关爱和智慧。通常，祖父母有更多的时间来陪伴孩子。他们不像年轻时那么忙碌，生活的重心从工作转移到家庭。我曾经专门为祖父母们举办过一期家庭育儿课程，邀请祖母们讨论自己在养育儿女时，在哪些方面做得不够。一个经常被提及的遗憾是，"我应该多和孩子们一起玩，而不是这么忙。"她们意识到，花时间和孩子们一起玩，培养感情，是有益的，能让整个家庭更幸福。

大家庭还有助于构建孩子的安全网。参与的人越多，安全网越紧密，在需要的时候，越能保护和支持孩子。

黛尔阿姨经常接十二岁的梅根放学，并总能带给她惊喜。黛尔带梅根出去吃冰激凌或喝热巧克力，有时她带梅根和她的朋友们去当地的游泳俱乐部游泳，有一次她还带梅根到市里去听音乐会。当梅根在学校和别的孩子遇到麻烦，并犹豫要不要告诉父母时，她就会向黛尔阿姨求助，黛尔愿意随时倾听。最重要的是，她爱梅根，而梅根也把她视为家人。

如果生活在这样亲密的"大家庭"中，是十分幸运的。当孩子不愿意和父母讨论某个问题时，还有其他"家人"可以为孩子提供建议，而且这位家人成熟、可靠并真心为孩子着想。

案例 92 替孩子创造一个更丰富的世界

从每个大人身上看到、学到更多特质与多元观点

如果没有"大家庭"，或者家庭不幸破裂或不完整，我们仍然可以建立可靠的朋友圈，请朋友帮忙照顾和关心孩子。

在一次育儿研讨会上，一位女士向大家讲述了自己的经历。"我妈妈去世后，她的一位朋友经常来看我们。"她说，"那时我们刚刚有了孩子，我妈妈的朋友还没有孙子孙女，她非常喜爱我们的女儿。她每次来，我都能强烈地感受到我和我母亲之间的联结，我非常感谢她的到来。这种相互滋养的关系一

直贯穿我女儿的整个童年。"

与核心家庭之外的家人和朋友保持密切联系，能扩展孩子的世界。由充满爱心的成年人组成的人际关系网可以帮助孩子创造丰富多彩的世界，激发孩子的好奇心，为孩子带来意想不到的惊喜，还能让孩子知道除了父母外，有其他成年人也值得信任。由于其他人独特的才能和观点，所以成年人越积极地参与孩子的生活中，孩子越能健康成长。

案例 93 你知道你是迈克最喜欢的叔叔吗？

参加家族聚会，传递代代相传的情感，让孩子更有归属感

家族聚会对孩子来说至关重要。当亲人团聚在一起，孩子们一起玩耍时，大人们总是惊叹孩子们的成长速度，为孩子们聪明、漂亮和强壮而感到欣喜。当然，大人们的大惊小怪也会让孩子们感到难为情，即便孩子害羞地跑开，那种被爱、被珍惜和被赞赏的感受也会深深地印在孩子心里。

参加这些聚会能帮助孩子建立归属感，当孩子离开家庭去探索世界时，这种归属感将会伴随他们。家族聚会是一种习俗，我们相聚在一起，讲述过去的故事。孩子们特别喜欢听父

母讲童年时的冒险故事。通过这些故事,他们对父母有全新的了解,仿佛窥见了多年前父母的童年生活,这对孩子来说非常有意义。这些故事还能帮助孩子体会抽象的概念:随着时间的流逝和世事的变迁,父母曾经是个孩子,未来有一天,他们也会成为父母。

通过家族聚会,孩子以崭新的角度了解父母,他们发现父母也是普通人。当我们做一些意想不到的事情时,比如脱掉鞋子,随着老式音乐跳舞,或者不要求他们按时睡觉,他们对此感到惊讶,甚至兴奋。

一次家族聚会后,比利在回家的路上问爸爸:"你知道你是迈克最喜欢的叔叔吗?"

爸爸笑着说:"是的,我知道。"

"天哪,真令人吃惊!"比利说,看到爸爸在自己最喜欢的表哥眼里是多么重要,他对爸爸更尊重了。

假期里的家族聚会让孩子们了解时间的流逝,发现自己长大了。大家在聚会上拍照,可以给孩子们看看以前的照片,看看自己比上次聚会时长大了多少。有时,孩子模仿喜欢的旧照片的姿势拍新照片,十分有趣。大人和孩子都摆出旧照片里同样的姿势,然后比较两张照片的不同。

家族聚会还可以将家族传统代代相传。例如,在我的家族聚会上，我们为那些不能出席的家人点上蜡烛。在开始用餐前，我们会手牵手围坐在餐桌旁，做一个简短的祈祷仪式，为无法出席的亲人默默地祝福，表达我们温暖的思念之情。

案例
94 让我们办个沙滩派对吧！
庆祝每一天，将家里的无聊平日转变得值得纪念

并不一定要等到节日才享受过节的气氛。平时也可以营造过节的氛围，将乏味的一天变成美好的时光。

圣诞假期快结束了，妈妈开始考虑为四个孩子和来家做客的表弟做点什么。"我有个好主意！"一天晚上，妈妈说，"让我们办个沙滩派对吧！"年龄从四岁到十一岁的孩子们看着她，觉得妈妈一定疯了。

"你在开玩笑吧？"大女儿问。

"不，我没有。让我们来做计划吧。"妈妈回答道，着手开始设计方案，列物品清单。

"但是外面太冷了。"一名孩子抗议道。

"哦！我们可以在室内举行沙滩派对。"妈妈回答，"灯光下我们也会被晒黑的。"

孩子们听了妈妈的话，立刻来了精神，开始讨论穿什么，带什么玩具，放哪张 CD 碟，当然还有吃什么，妈妈答应买热

狗,还有各种各样的配菜。

第二天,天气虽然寒冷,妈妈调高了空调温度,爸爸在客厅的壁炉里生火。每个人都帮忙把家具挪开,以便在客厅中间放上沙滩垫子和冷饮。爸爸撑开沙滩遮阳伞,给沙滩皮球充满气,放上"沙滩男孩"的CD,场景布置好了。孩子们都穿上泳衣,戴上太阳镜,抹上防晒霜,咯咯地笑个不停。他们用烤肉架烘烤食物,玩得不亦乐乎。他们在一起笑啊,唱啊,跳啊。当"沙滩派对"结束后,大家一起回到"家"的时候,孩子们谈论这次非同寻常的旅行是多么有趣。十一岁的孩子说:"真是太棒了!"最小的孩子急切地问:"我们明天还能玩吗?"

对孩子来说,和家人一起玩得愉快非常重要。我们不希望孩子需要去别的地方才能找到快乐。当年幼的孩子们知道欢笑、快乐、温暖和亲近都是家庭生活的一部分时,就会享受和我们在一起的时光。这将对孩子的未来产生深远的影响。当孩子在青春期开始尝试独立时,愿意向我们寻求建议,与我们沟通交流。当他们拥有自己的家庭,他们也会知道如何创造新的家庭传统。

发现这个世界有多美好，并协助这个世界变得更棒！

日常生活的氛围会影响孩子对家庭生活的记忆。这些经历和人际关系将伴随他们，影响他们的人际关系、婚姻，甚至未来。

正如我反复强调的，父母的所作所为比父母的说教更重要。通过父母的一言一行，价值观代代相传。孩子每天都在目睹并模仿父母的日常生活方式，这将成为他们人生的模板，不仅影响他们自己，还会影响他们的后代。这是一条爱的纽带，在几代人之间不断延伸。

请为孩子营造一个充满鼓励、宽容和赞美的世界：在这里，他们可以得到我们的接纳、认同和赞美；在这里，他们能够真诚地分享，期待公平，传播善意和体贴；在这里，他们拥有高质量的生活。

让我们期待孩子最美好的未来，包括所有的孩子：城市的孩子、乡村的孩子、远方的孩子。让我们竭尽所能，帮助孩子更轻松地做到最好。毕竟，这是我们的城市、我们的国家、我们的星球。让我们竭尽所能，让孩子们生活在这样的未来：逐渐消除恐惧、饥饿、偏见和狭隘，地球上的每个人组成人类这个大家庭。

让我们为孩子更美好的未来铺平道路吧！这样，他们将看到更美好的世界，并让它变得更美好。

图书在版编目（CIP）数据

一流的教养 /（美）多萝西·劳·诺尔蒂,（美）雷切尔·哈里斯著；周彦希译. —— 北京：北京日报出版社，2021.11
ISBN 978-7-5477-3250-2

Ⅰ.①—… Ⅱ.①多… ②雷… ③周… Ⅲ.①家庭教育 Ⅳ.①G78

中国版本图书馆CIP数据核字(2021)第051670号
著作权合同登记 图字：01-2021-1366号

First published in the United States under the title:
CHILDREN LEARN WHAT THEY LIVE
Copyright © 1998 by Dorothy Law Nolte and Rachel Harris
The poem "Children Learn What They Live" on page vi copyright © 1972 by Dorothy Law Nolte
Illustrations copyright © 1998 by Annette Cable
Published by arrangement with Workman Publishing Co., Inc., New York.
Chinese language copyright 2021, BEIJING ZITO BOOKS CO., LTD.

一流的教养

责任编辑：	史　琴
助理编辑：	秦　姚
作　　者：	[美]多萝西·劳·诺尔蒂　雷切尔·哈里斯
译　　者：	周彦希
监　　制：	黄　利　万　夏
特约编辑：	张久越　胡　杨
营销支持：	曹莉丽
版权支持：	王秀荣
装帧设计：	紫图装帧
出版发行：	北京日报出版社
地　　址：	北京市东城区东单三条8-16号东方广场东配楼四层
邮　　编：	100005
电　　话：	发行部：(010) 65255876
	总编室：(010) 65252135
印　　刷：	艺堂印刷（天津）有限公司
经　　销：	各地新华书店
版　　次：	2021年11月第1版
	2021年11月第1次印刷
开　　本：	880毫米×1230毫米　1/32
印　　张：	7.75
字　　数：	140千字
定　　价：	55.00元

版权所有，侵权必究，未经许可，不得转载

父母要让孩子明白：

无论发生什么，父母永远爱他们。